Texte, Themen und Strukturen

Gotthold Ephraim Lessing

Emilia Galotti

Kopiervorlagen

Herausgegeben von
Bernd Schurf
und Andrea Wagener

Erarbeitet von
Catrin Siedenbiedel

Cornelsen

Impressum

Redaktion: Daniela Rauthe, Zürich
Bildrecherche: Sabine Kaehne
Umschlaggestaltung: Rosendahl Grafikdesign, unter Verwendung eines Szenenfotos aus einer Inszenierung von „Emilia Galotti“ am Deutschen Theater Berlin, 2001, Regie: Michael Thalheimer. © Iko Freese / DRAMA
Layout und technische Umsetzung: zweiband, Berlin

www.cornelsen.de

Dieses Werk berücksichtigt die Regeln der reformierten Rechtschreibung und Zeichensetzung.

1. Auflage, 2. Druck 2021

Druck: Esser printSolutions GmbH, Bretten

ISBN 978-3-06-060221-6

PEFC
PEFC/04-31-2851

PEFC zertifiziert
Dieses Produkt stammt aus nachhaltig bewirtschafteten Wäldern und kontrollierten Quellen.

www.pefc.de

Vorwort

Über das Trauerspiel
Gotthold Ephraim Lessings bürgerliches Trauerspiel „Emilia Galotti"*, uraufgeführt 1772 in Braunschweig, gilt als typischer Vertreter seiner Gattung in deutscher Sprache. Die auf dem antiken Virginia-Stoff beruhende Handlung verstört Leser und Zuschauer von damals bis heute, insbesondere das tragische Ende wurde und wird viel diskutiert. Es geht um die Rolle der Frau, um Selbst- und Fremdbestimmung, um Macht und Ohnmacht, um das Eltern-Kind-Verhältnis, um Liebe und Leidenschaft, um das Verhältnis von Adel und Bürgertum.
Diese Aspekte werden im Kontext der Aufklärung erarbeitet. Dabei wird herausgestellt, welcher politischen und soziohistorischen Schritte es bedurfte, damit sich der in einer Gemeinschaft lebende Mensch als autonomes Subjekt begreifen kann. Auch wenn die Machtstrukturen, die hier in verschiedenen Figurenkonstellationen zum Ausdruck kommen, auf den ersten Blick als veraltet erscheinen, weil der Absolutismus abgeschafft wurde, so bleiben etwa Machtverhältnisse in Beziehungen ein nach wie vor aktuelles Thema. Die Frage nach den Grenzen der persönlichen Freiheit wird heute anders und neu gestellt, ist aber keineswegs abschließend beantwortet. Die Kopiervorlagen ermöglichen damit verschiedene Zugänge zu dem Drama, bieten mehrere literaturwissenschaftliche Interpretationen und dienen den Schülerinnen und Schülern als Vorbereitung auf das Abitur.

Zur Reihe
Das vorliegende Heft ist Teil einer Reihe mit kopierfähigen Arbeitsblättern zu abiturrelevanten Lektüren und ermöglicht den Schülerinnen und Schülern die selbstständige Beschäftigung mit dem Werk und seinen maßgeblichen Inhalten. Die Schülerinnen und Schüler erwerben dabei zugleich methodische Kompetenzen, um literarische Texte je nach Anforderung der Aufgabe zu analysieren und zu interpretieren.
Die Arbeitsblätter eignen sich für den unmittelbaren Einsatz im Unterricht und sind so konzipiert, dass sie in mehreren Sequenzen eine ausführliche Behandlung der Ganzschrift ermöglichen. Dabei geht das Konzept der Reihe davon aus, dass der jeweilige Text im Unterricht oder zu Hause ganz gelesen wird. Grundlegend für das Konzept ist die thematische Herangehensweise, da so exemplarisch wichtige Aspekte des Werks sowie wesentliche Kompetenzen in der Beschäftigung mit Literatur gebündelt werden. Die Konzeption berücksichtigt unterschiedliche Phasen der Erarbeitung im Unterricht. Die Hefte der Reihe sind einheitlich aufgebaut und bieten Arbeitsblätter zum Einstieg in die Lektüre, zu wichtigen Aspekten der Textanalyse (wie Inhaltssicherung, Figuren, Handlung, thematische Aspekte, dramatische Gestaltung, Stil und Sprache) und zur Textrezeption. Mit Hilfe zusätzlicher Sachtexte (z. B. Briefe, Rezensionen, Auslegungen oder Informationen zu historischen Hintergründen) kann das Werk kontextualisiert und näher beleuchtet werden. Über den vorgeschlagenen Weg hinaus kann die Lehrkraft die einzelnen Kopiervorlagen auch individuell zusammenstellen.
Das Heft enthält neben den Arbeitsblättern Vorschläge für Klausuren. Zur Erleichterung der Unterrichtsvorbereitung für die Lehrerinnen und Lehrer werden die Arbeitsblätter knapp didaktisch kommentiert und Lösungsvorschläge angeboten.
Da die Verwendung von Operatoren ein wichtiger Teil der Vorbereitung der Schülerinnen und Schüler auf das Abitur ist, haben die Arbeitsblätter Doppelüberschriften, deren zweiter Teil sich an zentralen Kompetenzen orientiert und Auskunft über die konkreten Operatoren gibt, die durchgeführt werden sollen. In den Aufgabenstellungen finden sich sowohl textanalytische als auch handlungsorientierte und produktivgestaltende Verfahren. Zusatzaufgaben, die sich zur Binnendifferenzierung eignen, sind optisch hervorgehoben. Die einzelnen Kopiervorlagen berücksichtigen unterschiedliche Arbeitsformen wie Einzel-, Partner- und Gruppenarbeit sowie verschiedene Verwendungsformen: Sie können begleitend zur Lektüre im Unterricht, zur Nachbereitung des Unterrichts zu Hause oder im Vertretungsunterricht eingesetzt werden.
Die Hefte der Reihe „Texte, Themen und Strukturen – Kopiervorlagen zu Abiturlektüren" sind terminologisch und methodisch auf das Oberstufenwerk „Texte, Themen und Strukturen" abgestimmt.

* Die Seiten- und Zeilenangaben im vorliegenden Heft beziehen sich auf die folgende Ausgabe: Gotthold Ephraim Lessing: Emilia Galotti. Ein Trauerspiel in fünf Aufzügen. Anmerkungen von Jan-Dirk Müller. Stuttgart: Reclam 1970/2001. Die erwähnte Inszenierung von Michael Thalheimer am Deutschen Theater in Berlin (2000) ist verfilmt und als DVD im Handel erhältlich.

„Die Freiheit, eigene Entscheidungen zu treffen" – Begriffe diskutieren

1 Was bedeutet Mündigkeit?
  a Überlegen Sie in Kleingruppen, welche Rechte und Pflichten damit einhergehen, wenn man mit 18 als volljährig gilt und damit mündig ist.
  b Sammeln Sie Ihre Ergebnisse auf einem Wandplakat.

2 **a** Notieren Sie jede/r für sich auf Moderationskarten, was für Sie persönlich Freiheit bedeutet.
  b Sammeln Sie im Plenum alle Karten und ordnen Sie sie zu einer Mindmap.

3 Setzen Sie sich mit den unten stehenden Zitaten zum Thema Freiheit auseinander. Gehen Sie so vor:
  a Schreiben Sie die Zitate gut lesbar auf Plakate und legen Sie diese im Klassenraum aus.
  b Notieren Sie alle nacheinander auf den Plakaten, was Ihnen zu dem vorgegebenen Zitat einfällt. Sie können auf das zuvor Geschriebene eingehen und/oder eigene Gedanken hinzufügen. Am Ende sollte jede/r alle Zitate kommentiert haben.
  c Entscheiden Sie sich für ein Zitat, das Sie besonders anspricht, und finden Sie sich mit anderen, die dieselbe Wahl getroffen haben, zu einer Gruppe zusammen. Überlegen Sie gemeinsam, inwiefern sich Parallelen zu Ihrer Mindmap zum Thema Freiheit ziehen lassen.

4 **a** Finden Sie im Kleingruppengespräch mögliche Zusammenhänge zwischen Mündigkeit und Freiheit. Führen Sie passende Beispiele aus Lessings Tragödie „Emilia Galotti" an.
  b Halten Sie Ihr Ergebnis knapp fest.

„Die Freiheit des Menschen liegt nicht darin, dass er tun kann, was er will, sondern, dass er nicht tun muss, was er nicht will."

Jean-Jacques Rousseau (1712–1778), französisch-schweizerischer Philosoph, Schriftsteller und Dichter

„Die Fähigkeit, das Wort ‚Nein' auszusprechen, ist der erste Schritt zur Freiheit."

Nicolas Chamfort (1741–1794), französischer Schriftsteller

„Ach, umsonst auf allen Länderkarten
spähst du nach dem seligen Gebiet,
wo der Freiheit ewig grüner Garten,
wo der Menschheit schöne Jugend blüht.
In des Herzens heilig stille Räume
musst du fliehen aus des Lebens Drang:
Freiheit ist nur in dem Raum der Träume
und das Schöne blüht nur im Gesang."

Friedrich Schiller (1759–1805), deutscher Schriftsteller
Aus: Der Antritt des neuen Jahrhunderts

„Wer an die Freiheit des menschlichen Willens glaubt, hat nie geliebt und nie gehasst."

Marie von Ebner-Eschenbach (1830–1916), österreichische Schriftstellerin

Der erste Aufzug – Die Exposition untersuchen

Information **Drama**

Dramen bestehen aus mehreren **Aufzügen** bzw. **Akten**, die wiederum in **Auftritte** oder **Szenen** unterteilt sind. Der Begriff „Aufzug" verweist auf die Bühnenpraxis: Am Anfang eines Aufzugs wird der Vorhang auf- und am Ende wieder zugezogen. Ein neuer „Auftritt" innerhalb eines solchen Aufzugs beginnt dann, wenn mindestens eine Figur die Bühne betritt oder verlässt.
Beschreibt man ein Drama näher, z. B. in einer Dramenanalyse, nennt man zuerst den Aufzug in römischen Zahlen, dann den Auftritt in arabischen Zahlen.
Beispiel: I.2 für zweiter Auftritt im ersten Aufzug

Die „Einleitung" eines klassisch-geschlossenen Dramas bezeichnet man auch als **Exposition**. Hier werden der Schauplatz, die Zeit des Geschehens und die wesentlichen Charaktere sowie der zentrale Konflikt der Handlung vorgestellt.

1 Prüfen Sie, inwieweit der erste Aufzug von Lessings „Emilia Galotti" den genannten Kriterien einer Exposition entspricht. Notieren Sie dazu in der Tabelle unter Angabe des Auftritts und des Aufzugs, was Sie über die jeweiligen Aspekte erfahren.

	Informationen	Aufzug, Auftritt	mögliche Funktion im weiteren Dramenverlauf
Schauplatz			
Handlungszeit			
Hauptfiguren	Hettore Gonzaga (Prinz)	I.1	
zentraler Konflikt			

2 **a** Vergleichen Sie Ihre Ergebnisse in Kleingruppen und einigen Sie sich auf eine gemeinsame Lösung.
b Überlegen Sie, welche Bedeutung die notierten Informationen im Verlauf der Handlung haben könnten. Halten Sie Ihre Vermutungen in der rechten Spalte fest.
c Prüfen Sie Ihre Vorschläge während der Analyse des Dramas und korrigieren Sie sie gegebenenfalls.

Ein Überblick – Szenenprotokolle erstellen und nutzen

Stellen Sie sich vor, Sie wollten „Emilia Galotti“ inszenieren. Um einen Überblick über das Drama zu gewinnen, erarbeiten Sie eine Szenenübersicht. Diese verdeutlicht, welche Figuren auf der Bühne sind, worum es in den jeweiligen Szenen geht, an welchem Schauplatz das Geschehen spielt.

1 Verteilen Sie die fünf Akte des Dramas unter fünf Gruppen und erstellen Sie arbeitsteilig eine Übersicht zu „Emilia Galotti“. Übertragen Sie dazu die Tabelle auf ein Plakat oder eine OHP-Folie und füllen Sie sie in Ihren Gruppen für den Ihnen zugeteilten Akt aus.

Aufzug/ Auftritt	Figuren	Handlung (knapp)	Schauplatz	mögliche Themen, Fragen oder Problemstellungen
I.1				
I.2				
...				
I.8				
II.1				
II.2				
...				
VI.8				

2 Erarbeiten Sie in Ihren Gruppen ein Standbild, das den Kern der Handlung und die entsprechende Figurenkonstellation des jeweiligen Aufzugs widerspiegelt.

3 **a** Informieren Sie sich im Plenum über die Ergebnisse Ihrer Gruppenarbeit. Stellen Sie dazu allen die Szenenprotokolle zur Verfügung.

b Präsentieren Sie Ihre Standbilder in der entsprechenden Reihenfolge.

c Sprechen Sie anschließend darüber, welche Fragen hinsichtlich der Erarbeitung des Dramas sich Ihrer Meinung nach daraus ergeben. Halten Sie Ihr Ergebnis knapp fest.

Fragen zum Drama – Wissen prüfen

1 **a** Überprüfen Sie Ihr Wissen über die Handlung des gesamten Dramas, indem Sie die folgenden Fragen beantworten.
b Vergleichen Sie Ihre Ergebnisse in Kleingruppen und korrigieren Sie sie gegebenenfalls.

a) Wer ist Conti und was macht er? ______

______

b) Wer ist Emilia Bruneschi und wie reagiert der Prinz auf sie? ______

______

c) Wo hat der Prinz Emilia Galotti zuerst gesehen? ______

d) Wer gehört zu Emilia Galottis Familie? ______

______

e) Wo leben Emilia, ihr Vater und ihre Mutter? ______

______

f) Worüber wundert sich Camillo Rota? ______

g) Welche Vorgeschichte hat Angelo? ______

______

h) Warum gefällt Odoardo der Gedanke, dass Graf Appiani sein Schwiegersohn wird? ______

______

______

i) Mit welchem Gefühl denkt Emilia an ihre Hochzeit? ______

______

j) Wer veranlasst den Überfall auf die Hochzeitskutsche? ______

______

k) Aus welchem Grund muss Appiani sterben? ______

l) Was steht in dem Brief von Gräfin Orsina? ______

______

m) Worum bittet Emilia ihren Vater am Ende des Dramas und wie reagiert dieser? ______

______

______

Innere und äußere Abhängigkeiten – Die Figurenkonstellation erarbeiten

1 Vor dem eigentlichen Dramentext sind die Figuren in unten stehender Reihenfolge aufgelistet.
a Formulieren Sie eine These, nach welchem Kriterium die Figuren hier sortiert sind.
b Erläutern Sie im Partnergespräch Ihre Thesen und überlegen Sie gemeinsam, welche Wirkung dieses Ordnungsprinzip hat.

These zur Reihenfolge der Figuren im Vorspann zum Drama	Mögliche Wirkung dieses Ordnungsprinzips

2 **a** Schneiden Sie die Figurenkärtchen aus und sortieren Sie sie nach einem anderen Prinzip neu.
b Zeigen Sie Ihrer Partnerin bzw. Ihrem Partner Ihre Anordnung und lassen Sie sie bzw. ihn Ihre Kriterien herausfinden.
c Überlegen Sie gemeinsam, welche Wirkung die neue Reihenfolge auf die Leser hat.

3 **a** Ordnen Sie nun die Karten in einem Schaubild so an, dass die Abhängigkeiten der Figuren voneinander deutlich werden.
b Schneiden Sie die beschrifteten Pfeile aus und ordnen Sie damit passende Figuren einander zu. Sie können auch eigene Beschreibungen ergänzen, um das Verhältnis zwischen den Figuren treffend zu charakterisieren.

Emilia Galotti

Odoardo Galotti

Claudia Galotti

Hettore Gonzaga, Prinz von Guastalla

Marinelli, Kammerherr des Prinzen

Camillo Rota, einer der Räte des Prinzen

Conti, Maler

Graf Appiani

Gräfin Orsina

Angelo und einige Bediente

bekommt Geld

liebt

ist ihm/ihr noch einen Gefallen schuldig

ist ihm/ihr zu dienstlicher Treue verpflichtet

Emilia Galotti – Die Titelfigur charakterisieren

Methode **Dramenfiguren untersuchen**

In einem Drama kann eine Figur auf verschiedene Weise charakterisiert werden:
- Regieanweisungen verraten etwas über das Aussehen, über Gestik und Mimik der Figur.
- Die Figur selbst oder andere machen direkte charakterisierende Aussagen.
- Aus Verhalten, Äußerungen und Kommunikationsweise können Eigenschaften abgeleitet werden.

1 Untersuchen Sie die Titelfigur näher:

a Sammeln Sie wesentliche Stellen, die über Emilia Galotti Auskunft geben.

b Übertragen Sie die Übersicht auf ein Blatt und notieren Sie darin Ihre Belege.

c Leiten Sie aus den Textbelegen Eigenschaften von Emilia ab und halten Sie diese knapp fest.

d Wie aussagekräftig sind Ihre Textbelege im Hinblick auf eine mögliche Charakterisierung Emilias? Prüfen Sie zu zweit Ihre Stoffsammlungen und machen Sie sich in der rechten Spalte der Tabelle Notizen.

Emilia Galotti			
Art der Charakterisierung	**Textbeleg/Zitat**	**Emilias Eigenschaften**	**Bewertung**
Regieanweisung	*„stürzt in einer ängstlichen Verwirrung herein"* (II.6)	ängstlich, wenig klar	Ist dies immer so oder nur in dieser Situation?
Beschreibung durch den Prinzen	Prinz: „Dieses Auge voll Liebreiz und Bescheidenheit! Dieser Mund! und wenn er sich zum Reden öffnet! wenn er lächelt! Dieser Mund!" (I.5)	schön, bescheiden und liebevoll	Der Prinz ist verliebt und deshalb nicht objektiv. Diese Beschreibung durch andere Figuren prüfen!
Beschreibung durch Conti	... (I.4)	...	...
Beschreibung durch ...	...	...	...
Selbstcharakterisierung durch Emilia	„Sie wissen, meine Mutter, wie gern ich Ihren bessern Einsichten mich in allem unterwerfe." (II.6)	...	...
Emilias Handlungen	...	...	...
Emilias Sprache	...	...	...

2 Goethe soll einmal über Emilia Galotti gesagt haben, sie sei entweder ein „Gänschen" oder ein „Luderchen".

a Bilden Sie drei Gruppen und bearbeiten Sie folgende Aufgaben:
- Gruppe A: Sammeln Sie Argumente für die These, dass Emilia ein „Gänschen" ist.
- Gruppe B: Sammeln Sie Argumente für die These, dass Emilia ein „Luderchen" ist.
- Gruppe C: Überlegen Sie, wie Emilia sich wohl selbst sieht und dies begründen würde.

Bilden Sie aus Vertretern der Gruppen A, B und C neue Kleingruppen und diskutieren Sie Goethes These.

b Setzen Sie Emilia auf den „heißen Stuhl" und konfrontieren Sie sie mit Ihren Sichtweisen.

Hinweis: Eine/r schlüpft in die Rolle Emilias und beantwortet aus deren Sicht Fragen oder Kommentare der restlichen Gruppe. Der ausgewählte Schüler sitzt der Gruppe frontal gegenüber. Mit einfachen Fragen beginnend kann man immer mehr über die Figur in Erfahrung bringen.

Hettore Gonzaga – Verschiedene Rollen untersuchen (Teil 1)

Der Prinz Hettore Gonzaga wird im Drama in verschiedenen Funktionen vorgestellt.

1 **a** Sammeln Sie drei Situationen, in denen Prinz Hettore Gonzaga als Staatsoberhaupt agiert.
b Diskutieren Sie zu zweit, ob er sich in der jeweiligen Situation so verhält, wie Sie es von einem Staatsoberhaupt erwarten. Notieren Sie knapp Ihre Überlegungen.

Prinz Hettore Gonzaga als Staatsoberhaupt	
Kurzbeschreibung der Situation	**Wird der Prinz seiner Rolle als Staatsoberhaupt gerecht?**
Prinz bearbeitet Bittschriften und Klagen, wobei er z. B. Bittschriften gewährt, weil er den Namen Emilia mag (vgl. I.1, S. 5, Z. 11).	Er handelt in seiner Rolle als Staatsoberhaupt, übt seine beruflichen Pflichten aus. Aber: Seine privaten Gefühle beeinflussen hier das Handeln (= Machtmissbrauch).

2 **a** Benennen Sie ausgehend von der folgenden Definition wesentliche Eigenschaften des absolutistischen Herrschers.
b Erörtern Sie, inwieweit Hettore diesem Bild des absolutistischen Herrschers entspricht.

Die Staatsform der fürstlichen Territorien ist absolutistisch. Die uneingeschränkte Herrschaft liegt beim regierenden Territorialherren, der seinerseits viele untergeordnete adlige Herren, die die ererbte Souveränität auf ihrem Land ausüben, beherrscht. Die durch Erbrecht seit dem Mittelalter gesicherte Vorherrschaft des Adels besteht uneingeschränkt, Gegenkräfte existieren nur in den Ständeversammlungen (Reichstage, Landtage und reichsfreien Magistraten), später zunehmend in einer sich politisierenden Öffentlichkeit. Die absolutistische Position des Fürsten, die oft genutzte Möglichkeit seiner despotischen Willkürherrschaft, führt unter den aufklärerischen Zeittendenzen zunehmend zu politischen und sozialen Spannungen. […] Das Ideal der Deutschen besteht von Anfang an eher in einem aufgeklärten Absolutismus, in dem der Territorialherr einer allgemeinen Vernunft zugänglich wäre.

Rainer Baasner: Einführung in die Literatur der Aufklärung. Einführungen Germanistik. Hrsg. v. Gunter E. Grimm und Klaus-Michael Bogdal. Darmstadt: WBG 2006, S. 22f.

Hettore Gonzaga – Verschiedene Rollen untersuchen (Teil 2)

Der Prinz Hettore Gonzaga wird im Drama in verschiedenen Funktionen vorgestellt.

3 Untersuchen Sie, wie der Prinz Hettore Gonzaga als Privatmann dargestellt wird.
a Sammeln Sie drei Situationen, in denen er als Privatmensch agiert. Notieren Sie sie in der Übersicht.
b Überlegen Sie, welche Konflikte sich in seinem Privatleben zeigen und wie er diese löst. Vervollständigen Sie die Tabelle.

Kurzbeschreibung der Situation	**Konflikte, die sich daraus ergeben**	**Hettores Ideen zur Lösung des Konflikts**
Er sieht Emilia Galotti in der Kirche und verliebt sich in sie (vgl. 1. Aufzug).	Emilia ist eine Bürgerliche und keine standesgemäße Braut. Sie soll einen anderen heiraten.	Er will den anderen wegschicken (vgl. I.6).

4 Bilden Sie sich eine Meinung zu der Figur des Prinzen.
a Sammeln Sie arbeitsteilig in Gruppen Argumente und Gegenargumente für die Thesen,
- dass der Prinz ein guter Herrscher ist,
- dass er in seinem Privatleben ein guter Mensch ist.

b Informieren Sie die anderen über Ihre Ergebnisse.
c Formulieren Sie, jede/r für sich, eine begründete Meinung über das Verhalten des Prinzen.

Odoardo und Claudia – Positionen historisch einordnen (Teil 1)

1 Lesen Sie nochmals den zweiten Aufzug mit Blick auf die Positionen, die Odoardo und Claudia vertreten. Notieren Sie, was den Figuren wichtig ist und was sie sich für Emilia wünschen.

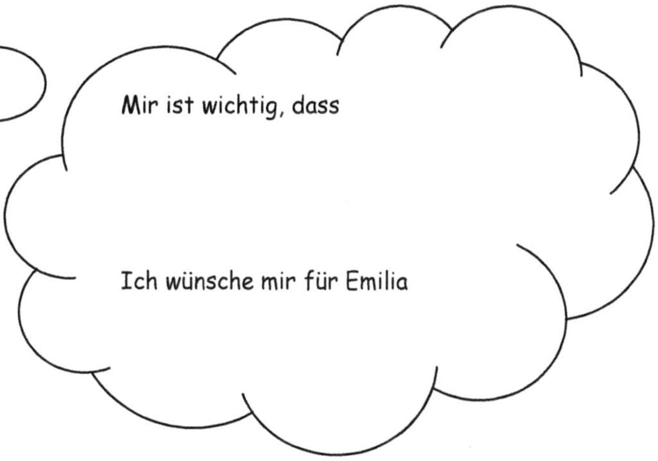

Inszenierung im Severins-Burg-Theater Köln, Janina Schmulder als Emilia, Janett Bobel als Claudia und Thorsten-Kai Botenbender als Odoardo; Foto: Wolfgang Weimer

2 Diskutieren Sie mit Ihrer Partnerin bzw. Ihrem Partner, worin ein möglicher Konflikt zwischen den Eltern bestehen könnte. Halten Sie Ihre Ergebnisse kurz fest.

3 a Schlüpfen Sie mit Ihrer Partnerin oder Ihrem Partner in die Figuren Claudia und Odoardo und bereiten Sie ein Gespräch vor, in dem die beiden ihre Wünsche und Sorgen besprechen und eine Lösung finden.

b Führen Sie das Gespräch im Rollenspiel vor.

Odoardo und Claudia – Positionen historisch einordnen (Teil 2)

4 Erläutern Sie ausgehend von dem folgenden Schaubild zu bürgerlichen Verhaltensweisen, inwiefern Odoardo und Claudia zwei unterschiedliche Repräsentanten des Bürgertums ihrer Zeit sind.

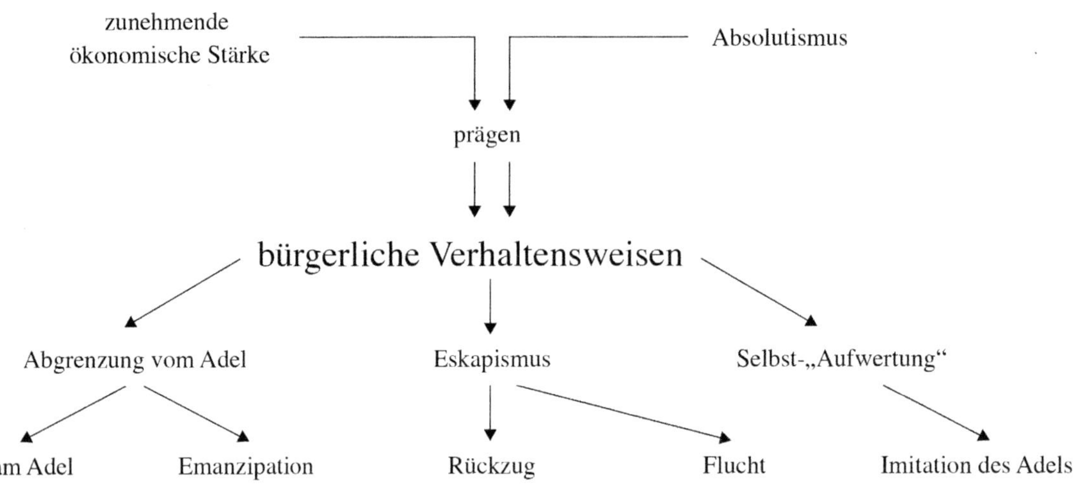

Aufbegehren bürgerlicher Kräfte gegen Willkür und Lebensweise des Adels sowie gegen soziale Missstände; die Kritik am Adel wird entweder direkt oder indirekt formuliert. – Ersteres war überaus gefährlich und führte in aller Regel zu Sanktionen. Die Kritik mündete indessen nie in Aufforderung zur Rebellion; Ziel war vielmehr der aufgeklärte Absolutismus bzw. die Freiheit des Bürgers zur Selbstverwirklichung.	Verstand als Mittel, soziale und politische Zusammenhänge zu durchleuchten, zu erkennen und zu verändern; Ziel: Aufbau einer besseren Gesellschaft mit bürgerlichem Werte- und Normensystem. Aktive Vermittlung von Menschlichkeit, Tugend, Gefühl, Vernunft usw.	Innerlichkeit als ideologischer Zielpunkt; nicht politische Veränderung und aktive Teilnahme am Prozess dorthin stehen im Mittelpunkt, sondern das eigene Ich. Innerlichkeit als Programm eines Bürgertums, das zwar der höfischen Welt ein eigenes Wertesystem gegenüberstellt, dieses jedoch nur punktuell auf das eigene Ich und die Familie begrenzt. Subjektivismus als Reaktion auf die Erfahrung der eigenen politischen Machtlosigkeit.	Aufbau einer mit bürgerlichen Werten veredelten Gegenwelt zur Realität – [...] z.B. in der Idylle (Schäferdichtung, Bukolik); [...] Vermischung von vermeintlich adeliger Lebensweise und bürgerlichem Tugendideal.	Die bürgerlichen Positionen werden bewusst aufgegeben zu Gunsten der Übernahme adeliger Privilegien und Lebensformen; oftmals Kauf von Adelstiteln durch wirtschaftlich erstarktes Bürgertum („Geldadel“); dadurch allmähliche Vermischung der Schichten.

Reinhard Lindenhahn: Arbeitsheft zur Literaturgeschichte. Aufklärung. Texte. Übungen. 2. Auflage. Berlin: Cornelsen 1995/2008, S. 81

„Emilia Galotti" – Die Struktur des Dramas erarbeiten

1 Das Schaubild von Gustav Freytag (1816–1895) zeigt den Aufbau des typischen klassischen Dramas modellhaft.

a Prüfen Sie, inwiefern Lessings Trauerspiel diesem Modell folgt.
Hinweis: Nehmen Sie Ihre Übersicht über die fünf Aufzüge in „Emilia Galotti" zu Hilfe (vgl. S. 7).

b Halten Sie Ihre Ergebnisse fest, indem Sie in dem Schaubild wesentliche Handlungsschritte notieren.

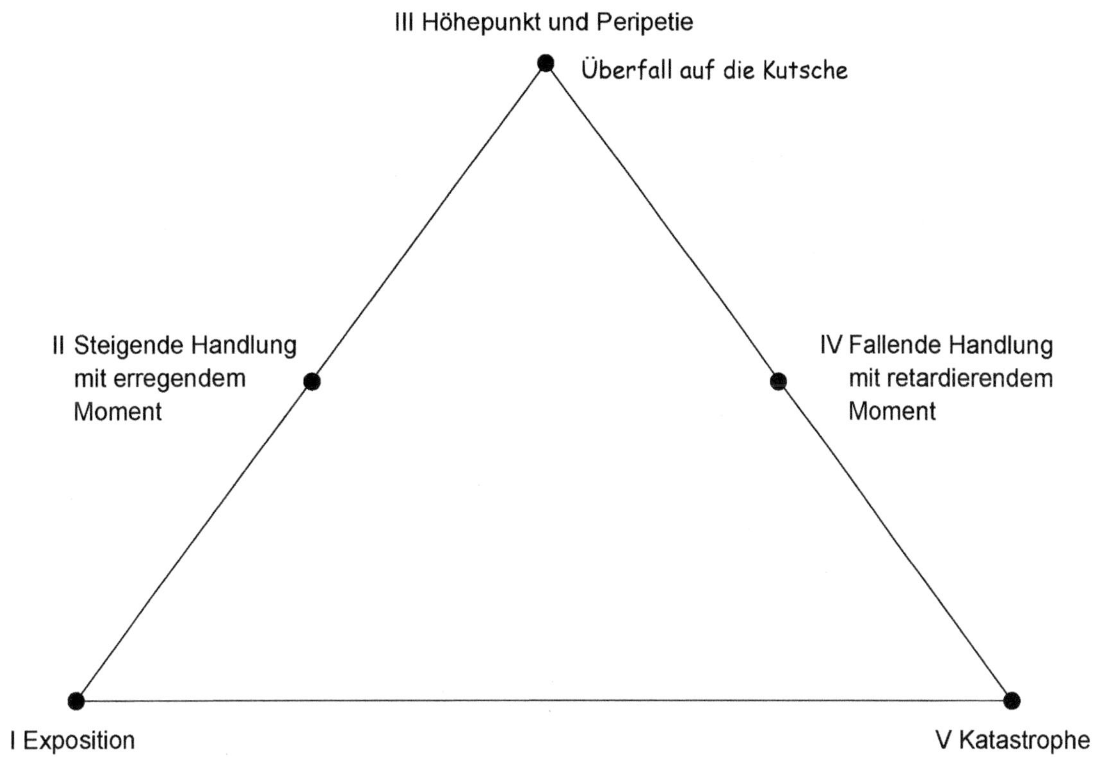

2 Prüfen Sie, ob und inwieweit das Drama „Emilia Galotti" der Lehre von den drei Einheiten entspricht. Notieren Sie Ihre Ergebnisse stichpunktartig.

Information **Die drei Einheiten**

Die **Lehre von den drei Einheiten** ist im Drama eine Vorgabe für die Gestaltung von

- Ort (möglichst Beschränkung auf einen Ort),
- Zeit (gespielte Zeit nicht länger als 24 Stunden) und
- Handlung (Konzentration auf ein Geschehen).

Diese Lehre fußt auf der nur in Bruchstücken erhaltenen, um 330 v. Chr. entstandenen „Poetik" (Lehre von Wesen, Form und Wirkung der Dichtung) des griechischen Philosophen **Aristoteles** (384–322 v. Chr.) und war vor allem in der Renaissance und im französischen Klassizismus bedeutend.
Johann Christoph Gottsched war als Vertreter der Aufklärung wegweisend für die Entstehung einer neuen Literatur, die aufklärerische Ideen auf gemeinverständliche und angenehme Weise vermittelt. Er stellte das Prinzip der Wahrscheinlichkeit (Ähnlichkeit der Fiktion mit der Wirklichkeit) auf und forderte daher die strenge Einhaltung der aristotelischen drei Einheiten.

3 Erläutern Sie schriftlich die Funktion der Handlungsstruktur und der Orientierung an den drei Einheiten in Lessings „Emilia Galotti".

Am Hof und fernab davon – Schauplätze analysieren

1 Stellen Sie im Partnergespräch Vermutungen dazu an, warum das Drama nicht in Lessings Heimat Deutschland spielt, und machen Sie sich Stichpunkte.

2 Untersuchen Sie die Handlungsorte näher.

a Tragen Sie zunächst die verschiedenen Schauplätze in eine Tabelle nach dem folgenden Muster ein und halten Sie jeweils fest, welche Figuren dort „zu Hause" sind.

b Sprechen Sie zu zweit darüber, wie diese Orte auf Sie wirken. Begründen Sie Ihre Entscheidung knapp in der rechten Spalte.

Aufzug	Schauplatz	Figuren, die dort „zu Hause" sind	Wirkung des Schauplatzes
I	...	...	...
II	...	...	...
...	...	...	...
V	...	...	...

Information **Symbol**

Unter einem **Symbol** versteht man ein Sinnbild, das über sich hinaus auf etwas Allgemeines verweist. Meist handelt es sich dabei um einen konkreten Gegenstand, in dem ein allgemeiner, abstrakter Sinnzusammenhang sichtbar wird. Beispiele sind die Taube als Symbol des Friedens oder das Kreuz als Symbol für den Tod.

3 Klaus Göbel bezeichnet die Orte in „Emilia Galotti" als „Symbolorte" (vgl. Klaus Göbel: Gotthold Ephraim Lessing. Emilia Galotti. Offene Dramaturgie. München 1984, S. 86).
Formulieren Sie auf der Grundlage der Ergebnisse aus Aufgabe 1 und 2 an einem Beispiel die mögliche symbolische Bedeutung des Schauplatzes.

4 Erörtern Sie schriftlich, inwieweit in dem Drama das Leben auf dem Land, wohin sich Odoardo zurückgezogen hat, tugendhafter dargestellt wird als das Leben in der Residenzstadt.

Die bürgerliche Familie – Realität und Fiktion vergleichen

1 Was verstand man zu Lessings Zeiten unter dem Begriff Familie? Informieren Sie sich darüber anhand des folgenden Eintrags aus einem zeitgenössischen Lexikon.

Die bürgerliche Familie (1781)

Dasjenige, was eine Familie oder Haushaltung unterhält, besteht in drei Stücken, nämlich in Personen, Sachen und einer Ordnung oder häuslichem Regiment. Die Personen betreffend, so kann zwar eine einige Person keine Familie ausmachen; doch ist die Anzahl der Personen nicht allezeit und bei allen einerlei, sondern nach der Kondition und dem Stande des Hausvaters unterschieden. Indessen muss die Anzahl der Personen auch nicht allzu groß sein, sonst würde aus dem Hause oder einer einzelnen Haushaltung eine *Universitas*[1], Dorf, Flecken oder Stadt. Wo sie aber am vollkommensten ist, muss sie die drei einfachen Sozietäten[2] (nämlich die eheliche, väterliche und herrschaftliche, s. → Gesellschaft) begreifen. Doch können nicht alle Familien sich dieses Glückes rühmen, weil öfters der Ehestand unfruchtbar ist und also die väterliche Sozietät mangelt; zuweilen ist auch der Hausherr so arm, dass er keinen Knecht halten kann und selbst die Knechtsarbeit übernehmen muss. Gleichwohl kann in beiden Fällen gesagt werden, dass ein kind- und knechtloser Hausvater dennoch eine Familie und Haushaltung habe, wenn er nur in einer rechtmäßigen Ehe lebt. Eine Konkubine[3] aber kann, weil ihr der Name einer Hausmutter nicht zukommt, auch keinen Teil der Familie ausmachen. Wenn aber auch gleich einer von den Ehegatten stirbt, so kann dennoch die Familie bestehen. Denn obschon durch den Tod des einen Ehegatten die Ehe ihre Endschaft hat: so bleibt doch die Familie, weil selbige, wo sie einmal eingerichtet ist, auch bis auf eine Person herabkommen und erhalten werden kann. Die Hauptperson eines Hauses aber wird der Hausherr oder Hausvater genannt, weil er allen, die in der Familie sich befinden, mit väterlicher Treue vorstehen soll. Die demselben ehelich beigefügte Mitperson heißt die Hausfrau oder Hausmutter. Ob nun zwar dieser einiges Recht, dem Hauswesen mit vorzustehen und selbiges verwalten zu helfen, beigelegt wird: so kommt es doch hauptsächlich nur dem Hausvater zu, der Familie und dem Hauswesen vorzustehen, als welcher gleichsam ein König und Fürst in seinem Hause ist. Dieser muss das Vermögen [...] und die Klugheit, eine Familie zu ernähren und zu regieren, besitzen.

J.G. Krünitz: Oeconomische Encyclopaedie (1781). Eintrag unter dem Stichwort „Familie". Online-Version: http://www.kruenitz1.uni-trier.de/ (Stand: 11.1.2012)

[1] **Universitas:** lat. Gesamtheit, Einheit; *hier: Kommune*
[2] **Sozietät:** von lat. societas (Gesellschaft); soziale, durch gemeinsame Interessen verbundene Gruppe
[3] **Konkubine:** außereheliche Geliebte

2 Prüfen Sie, inwieweit die Familie Galotti dem oben beschriebenen Modell entspricht. Listen Sie dazu Merkmale der bürgerlichen Familie auf und benennen Sie Übereinstimmungen oder Abweichungen.

3 Erläutern Sie die Beziehung Odoardos zu seiner Tochter unter Bezugnahme auf
- das Drama,
- die nebenstehende Abbildung und
- die Informationen über die Familie im 18. Jahrhundert.

„Emilia Galotti" (DDR 1957/58, Regie: Martin Hellberg); Foto: DEFA-Stiftung/Waltraut Pathenheimer

Eine Spurensuche – Emilias Tod näher untersuchen

1 **a** Lesen Sie den 7. Auftritt des 5. Aufzugs nochmals mit Blick auf die Frage, wovor sich Emilia durch den Dolch des Vaters retten will, und kreuzen Sie die richtigen Antworten an.

- ☐ Sie will den Prinzen nicht heiraten.
- ☐ Sie hat Angst, dass der Prinz sie vergewaltigt.
- ☐ Sie will ohne den geliebten Grafen Appiani nicht weiterleben.
- ☐ Sie hat Angst davor, dass sie sich in den Prinzen verlieben könnte.
- ☐ Sie hat Angst davor, dass sie eine erotische Beziehung mit dem Prinzen genießen könnte.
- ☐ Sie will nicht unehelich schwanger werden.

b Begründen Sie im Partnergespräch Ihre Antworten mit Belegen aus dem Text.

2 Klären Sie im Gruppengespräch, warum Emilias Vater den Dolch nimmt und seine Tochter tötet.

____

____

3 **a** Definieren Sie schriftlich auf der Grundlage des folgenden Textes die Begriffe Verdrängung und Verleugnung.

b Erläutern Sie unter Bezugnahme auf den Dramentext, inwieweit Emilia ihre Gefühle dem Prinzen gegenüber verdrängt bzw. verleugnet.

Wolfgang Schmidbauer: Verdrängungs- und Verleugnungsprozesse aus heutiger Sicht (1985)

Die Verdrängung ist der geschichtlich frühere Mechanismus. Bei ihr verschwinden Inhalte aus dem Bewusstsein (oder erreichen es nie), die sich nur in Fehlleistungen verraten oder durch Einfalls- und Deutungsarbeit erschlossen werden können. Die verdrängten Vorstellungen und Wünsche sind dem Betroffenen so fremd wie das Erleben eines anderen Menschen. Seine Lebensgeschichte hat Lücken, wie von der Zensur ausgelöschte Textstellen. […]

Wenn die Verdrängung bewusst gemacht wird, entfaltet dieser Vorgang Wirkungen. Die Lücke im Erleben wird geschlossen, die Person kann zu dem verdrängten Inhalt Stellung nehmen und durch ihr bewusstes Urteil einen Verzicht leisten, den die Verdrängung auf Umwegen erzwungen hat. Zur Verdrängung gehört die Vorstellung eines Organismus, der sich entwickelt und stärker wird, der mit dem gereiften Bewusstsein des Erwachsenen Schwierigkeiten bewältigt, die das Kind nicht verarbeiten konnte und deshalb verdrängen musste.

Anders die Verleugnung. Sie ist leichter zu durchschauen, aber schwerer aufzulösen als die Verdrängung. Der unerwünschte Vorstellungsinhalt wird nicht ausgelöscht, sondern erst erkannt und dann bestritten. Die Verleugnung hilft, mit Widersprüchen zu leben, die man nicht mehr verdrängen kann.

Sie stellt Leistungen des bewussten Ich in ihren Dienst, die geeignet wären, Verdrängungen zu beseitigen. Es ist wie mit der Unterdrückung unbequemer Wahrheiten. Die urtümliche, einer Zeit der harten Körperstrafe und der Erziehung durch äußeren Druck entsprechende Gegenmaßnahme ist es, jede Berührung mit der abtrünnigen Lehre zu verhindern.

Ketzer und Hexen werden verbrannt, Bücher verboten. Die spätere Umgangsform ist es, nicht mehr durch äußere Strafe, sondern durch den Appell an die innere Stimme des Gewissens Einfluss zu nehmen. Wer sich ihr fügt, erhält materielle und narzisstische Belohnungen. Er ist ein gewissenhafter, guter, tüchtiger Mensch. Er besitzt das „eigentlich Menschliche“ – das gemachte Gewissen, welches seine gewachsene Natur überformt.

Wolfgang Schmidbauer: Die Angst vor Nähe. 11. Auflage. Reinbek bei Hamburg: Rowohlt Taschenbuch Verlag 2010, S. 140–142. © 1985 by Rowohlt Verlag GmbH

4 Der obige Text entstammt dem Buch „Die Angst vor Nähe“. Diskutieren Sie mit Ihrer Partnerin oder Ihrem Partner, inwieweit Emilias Entschluss, sich das Leben zu nehmen, als Angst vor Nähe gedeutet werden kann.

Höfische und bürgerliche Welt – Gesellschaftskritik erkennen (Teil 1)

1 Setzen Sie die satirische Zeichnung mit dem Titel „Die Kenner" in Bezug zu „Emilia Galotti".
- Beschreiben Sie dazu links von der Abbildung die Sicht auf den Adel, die aus ihr hervorgeht.
- Notieren Sie rechts stichpunktartig Parallelen zu den Auftritten 2–5 des ersten Aufzugs.

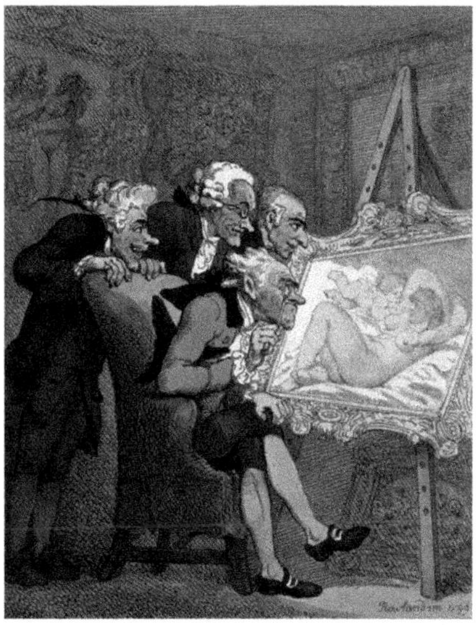

Thomas Rowlandson: The Connoisseurs (1799); Hunterian Art Gallery, University of Glasgow, Scotland/Bridgeman Berlin

2 **a** Informieren Sie sich anhand der folgenden zwei Texte über das Bürgertum und den Adel.
b Stellen Sie wesentliche Eigenschaften der bürgerlichen und der höfischen Welt gegenüber.

Text 1

[In Deutschland stand der Adel] weiterhin unangefochten an der Spitze der gesellschaftlichen Pyramide. Dennoch fanden die alten und neuen Gleichheitsideen sowie die Forderung, auch der Adel und die Geistlichen müssten sich an den bürgerlichen Lasten beteiligen, immer mehr Befürworter. [...] Der Jenaer Philosoph Reinhold behauptete aber noch 1792, dass der „bey weitem größere Theil des Adels seinen Stand als eine höhere, durch ihre Natur zur Beherrschung der übrigen bestimmte Menschenrasse, und seine politischen Vorzüge als das Wesen einer guten Staatsverfassung" ansehe. Gegen diese Einschätzung liefen die bürgerlichen Intellektuellen Sturm. Nach der Aufhebung des erblichen Adels am 19. Juni 1790 durch die französische Nationalversammlung verstärkte sich auch in Deutschland die Adelskritik. Obwohl die Ständegesellschaft unangetastet blieb, durfte sich der Adel seiner Privilegien nicht mehr sicher sein. Die Auffassung, der Adel widerspreche nicht nur dem Prinzip menschlicher Gleichheit, sondern stehe auch der Vervollkommnung von Regierung und Verwaltung entgegen, setzte sich durch. Einigen Kritikern galt der aufgrund seiner Geburt privilegierte Adel als eine wahre Pest für den Staat, da er sich ohne Kenntnisse und ohne Patriotismus Staatsämter ertrotze: „Ein wohlgeordnetes Reich kann ohne Adel nicht bestehen, das ist wahr; aber ganz gewiss ohne Erbadel." Das Bild vom niederadligen Höfling, der sich nicht um seine Bauern und Einkünfte kümmere, sondern in die Residenz eile, „wo er für einen Schlüssel oder einen Stern seine Freiheit verkauft", fasste die bürgerliche Kritik prägnant zusammen, die sich auf naturrechtliche Ideen stützte. Zudem widersprach die Heraushebung einer Bevölkerungsgruppe unabhängig von individuellen Leistungen den Gesetzen der Vernunft und diente offensichtlich nicht dem Fortschritt. Der Kameralist Justi fragte daher offen, was den Adel eigentlich auszeichne und wem er nutze. Wenn ein Adliger keine Qualifikation für nützliche Tätigkeiten besitze, müsse er seinen Stand verlieren. [...] Die adelige Ehre war nicht nur von bürgerlichen Erwerbsformen, sondern vor allem von Missheiraten bedroht. [...] Bei unstandesgemäßen Ehen verloren die Nachkommen nicht nur den Titel, sondern auch jeglichen Anspruch auf das Familienerbe.

Georg Schmidt: Wandel durch Vernunft. Deutsche Geschichte im 18. Jahrhundert. München: C. H. Beck 2009, S. 296f.

Höfische und bürgerliche Welt – Gesellschaftskritik erkennen (Teil 2)

Text 2

[...] die Sittenstrenge des Bürgertums ist, so wie sein Individualismus und Emotionalismus, eine Waffe, die es gegen die Lebensanschauung der höfischen Kreise richtet. Sie ist nicht so sehr die Fortsetzung der alten bürgerlichen Tugenden der Einfachheit, Redlichkeit und Frömmigkeit als vielmehr ein Protest gegen die Frivolität und die Verschwendung einer Gesellschaftsschicht, für deren Leichtsinn andere aufzukommen haben. Das Bürgertum spielt seine Sittsamkeit, namentlich in Deutschland, vor allem gegen die Unmoral der Fürsten aus, die es nur auf diese indirekte Art anzugreifen wagt. [...]

Arnold Hauser: Sozialgeschichte der Kunst und Literatur. München: Verlag C. H. Beck 1990, S. 576f.

3 **a** Ordnen Sie die unten aufgelisteten Figuren aus „Emilia Galotti" der entsprechenden Welt zu. Kreuzen Sie an.
b Beschreiben Sie kurz anhand des Verhaltens der Figuren, inwiefern diese ihre jeweilige Welt in typischer Weise repräsentieren oder davon abweichen.

Figur	höfische Welt	bürgerliche Welt	Verhalten der Figuren
Prinz			
Emilia			
Odoardo			
Claudia			
Graf Appiani			
Marinelli			

4 **a** Bearbeiten Sie in Gruppenarbeit eine der folgenden Aufgaben:
- Vergleichen Sie den Prinzen und Graf Appiani in Bezug auf die Frage, wer von beiden der bessere Partner für Emilia wäre.
- Vergleichen Sie Marinelli und Odoardo in Bezug auf die Frage, wer mehr Verantwortung für die verzweifelte Lage von Emilia am Ende des Dramas trägt.

b Informieren Sie sich im Plenum über Ihre Ergebnisse.

5 Inwieweit wird die bürgerliche Welt der höfischen als eine bessere Welt gegenübergestellt? Diskutieren Sie, ob man das Drama als Adelskritik lesen kann.

Die Rolle der Frau – Analysieren und gestaltend interpretieren (Teil 1)

1 **a** Vergleichen Sie, wie der Historiker Georg Schmidt und die französische Philosophin und Frauenrechtlerin Simone de Beauvoir die Rolle der Frau im 18. Jahrhundert beschreiben. Unterstreichen Sie in beiden Texten aussagekräftige Stellen.
b Prüfen Sie Ihre Unterstreichungen im Hinblick auf eventuelle Abweichungen voneinander.
c Fassen Sie die wesentlichen Aussagen beider Texte schriftlich zusammen. Berücksichtigen Sie dabei mögliche Unterschiede und begründen Sie diese.
d Prüfen Sie anhand der beiden Texte, welche Freiheiten eine Frau im 18. Jahrhundert hatte. Formulieren Sie Forderungen nach mehr Freiheit für die damaligen Frauen.

Georg Schmidt:
Ehefrau und Hauswirtin (2009)

Die Diskrepanz der Rolle einer gehorsamen Ehefrau und derjenigen einer mit beträchtlichen Rechten ausgestatteten Hauswirtin und Mutter nutzten die Frauen, um ihre Spielräume zu erweitern. Allerdings blieben sie bei allen Rechtsgeschäften von ihren Vätern, Ehemännern oder Söhnen abhängig, die sie als Vormund vor Gericht vertreten mussten. Diese Vormundschafts- oder Anwaltspflicht machte die Frauen aber nicht rechtlos. Sie konnten jederzeit ihr Eigentum (Erbe, Vermögen), ihren Besitz oder ihren Arbeitsverdienst einklagen. Das Erbrecht sicherte ihre wirtschaftliche Selbstständigkeit. In vielen Gegenden galten strafmildernd wirkende Frauenrechte, die als weibliche Rechtswohltaten insbesondere dem Eigentumsschutz dienten. Zudem garantierte der Westfälische Frieden auch Ehefrauen das Recht, ihren Glauben selbst zu bestimmen.

Der öffentliche Raum blieb den Frauen zu Beginn des 18. Jahrhunderts weitgehend versperrt. Ihre verminderte Straffähigkeit führte jedoch dazu, dass sie sich häufig bei tumultuarischem oder gewaltsamem Protest hervortaten. Darüber hinaus besetzten Frauen exklusiv bestimmte Ämter und Berufe wie Hebamme oder Mädchenerzieherinnen. Pfarr- oder Amtfrauen partizipierten[1] an den Herrschaftsrechten und am Prestige ihrer Männer. Waren Frauen unverheiratet, gehörten keiner geistlichen Korporation an und konnten als Witwen nicht für sich selbst sorgen, hatten sie eine spürbar schlechtere Position als Männer: Sie unterstanden als Mägde oder billige Arbeitskräfte einem strengen Regiment, als von allen Seiten beargwöhnte Bettlerinnen oder Prostituierte waren sie nahezu rechtlos.

Georg Schmidt: Wandel durch Vernunft. Deutsche Geschichte im 18. Jahrhundert. München: C. H. Beck 2009, S. 42

[1] **partizipieren:** von etwas, was ein anderer hat, etwas abbekommen

Simone de Beauvoir:
Frauen gewinnen die Oberhand (1949)

Im 18. Jahrhundert nehmen Freiheit und Unabhängigkeit der Frau weiter zu. Prinzipiell bleiben die Sitten streng: Das junge Mädchen erhält eine kurze und bündige Bildung und wird, ohne gefragt zu werden, verheiratet oder ins Kloster gesteckt. Das Bürgertum, die aufsteigende Klasse, deren Existenz sich festigt, schreibt der Gattin eine strenge Moral vor. Dagegen gestattet der Niedergang des Adels den vornehmen Damen die größten Freiheiten, und sogar das gehobene Bürgertum lässt sich davon anstecken. Weder die Klöster noch Heim und Familie können die Frau in Schranken halten. Abermals bleibt diese Freiheit für die meisten negativ und abstrakt: Sie nutzen sie nur, um sich zu amüsieren. Die Intelligenten und Ehrgeizigen schaffen sich jedoch Betätigungsfelder. Das Salonleben nimmt einen neuen Aufschwung: [...] Als Gönnerinnen und Musen sind die Frauen das Lieblingspublikum des Schriftstellers. Sie interessieren sich persönlich für Literatur, Philosophie und die Naturwissenschaften: Manche haben wie Madame du Châtelet ihr physikalisches Kabinett, ihr chemisches Laboratorium, machen Experimente und sezieren. Sie greifen aktiver denn je in das politische Leben ein: Madame de Prie, Madame de Mailly, Madame de Châteauneuf, Madame de Pompadour und Madame du Barry regieren nacheinander Ludwig XV. Es gibt kaum einen Minister, der keine Egeria[1] hat. Das geht so weit, dass Montesquieu der Meinung ist, in Frankreich geschehe alles durch die Frauen; sie bilden, sagt er, „einen Staat im Staate". Und Colle schreibt kurz vor Ausbruch der Revolution: „Sie haben bei den Franzosen derart die Oberhand gewonnen, haben sie derartig unter der Knute, dass die Männer nur noch in ihrem Sinne denken und fühlen."

Simone de Beauvoir: Das andere Geschlecht. Sitte und Sexus der Frau. Dt. Übers. (Neuübersetzung) von Uli Aumöller u. Grete Osterwald. © 1951 Rowohlt, Reinbek b. Hamburg; 1992 Rowohlt Taschenbuch, Reinbek b. Hamburg (für Neuübersetzung)

[1] **Egeria:** sagenumwobene Figur aus der römischen Mythologie; sie soll die Geliebte eines Königs gewesen sein, diesen bei wichtigen Entscheidungen beraten und ihm so geholfen haben, ein weiser Herrscher zu sein.

Die Rolle der Frau – Analysieren und gestaltend interpretieren (Teil 2)

2 a Untersuchen Sie die folgenden drei Frauenfiguren arbeitsteilig in drei Gruppen im Hinblick auf zeittypische Merkmale:
- Emilia Galotti
- Claudia Galotti
- Gräfin Orsina

b Stellen Sie die Ergebnisse im Plenum vor.
c Diskutieren Sie im Plenum, was für ein Frauenbild Lessing in seinem bürgerlichen Trauerspiel vermittelt.

3 Vielleicht wäre Emilia, wenn sie sich auf den Prinzen eingelassen hätte, dessen Mätresse geworden. Informieren Sie sich anhand des folgenden Textes über das Mätressenwesen. Markieren Sie dazu wichtige Aussagen.

Leo Balet und E. Gerhard: Über das Mätressenwesen im 18. Jahrhundert (1973)

Das *Mätressenwesen* florierte an fast allen deutschen Höfen. Es war offiziell sanktioniert. Biedermann berichtet uns z. B., dass die Juristenfakultät der Universität Halle zu Anfang des 18. Jahrhunderts ein Rechtsgutachten dahin abgab, dass Fürsten und Herren den gewöhnlichen, für Private geltenden Gesetzen nicht unterworfen, sondern lediglich Gott für ihre Handlungen Verantwortung schuldig seien, „dass daher auch ein ungeregeltes Liebesverhältnis mit einem Großen für eine Person nichts Entehrendes enthalte, dass vielmehr auf eine solche etwas von dem splendeur[1] ihres amanten[2] übergehe".

Herzog Eberhard III. von Württemberg (1628–1674) war mit drei seiner Mätressen zugleich offiziell vermählt. [...] Eberhard Ludwig von Württemberg (1677–1733) war mit seiner Frau und der Gräfenitz zugleich verheiratet. Am schamlosesten trieb es Friedrich August von Sachsen. Eine von seinen unzähligen Mätressen, die Gräfin Orselska, war seine eigene Tochter, die ihm von einer Schenkwirtin in Warschau geboren wurde. Die Orselska schenkte ihrem Vater und Geliebten noch während seines Lebens ein Kind von dem Grafen Rutowsky, der ebenfalls ein uneheliches Kind von Friedrich August war.

Das Mätressenwesen hatte allmählich so überhandgenommen, dass sich sogar der fromme, bibelfeste und sparsame Friedrich Wilhelm I. von Preußen verpflichtet fühlte, eine Mätresse zu halten [...].

Leo Balet / E. Gerhard: Die Verbürgerlichung der deutschen Kunst, Literatur und Musik im 18. Jahrhundert. Berlin: Ullstein 1973, S. 46f.

[1] **splendeur:** franz. für Glanz
[2] **amant:** franz. für Freund, Geliebter

4 a Bearbeiten Sie eine der folgenden Schreibaufgaben.
Hinweis: Berücksichtigen Sie dabei Ihre Kenntnisse über das Mätressenwesen und Ihre Analyseergebnisse zu den jeweiligen Figuren.

Schreibaufgabe 1
Stellen Sie sich vor, Emilia hätte sich für den Prinzen entschieden. Gestalten Sie einen **inneren Monolog**, in dem sie schildert, wie es ihr als Mätresse des Prinzen ergeht.

Schreibaufgabe 2
Gestalten Sie den **Brief**, den der Prinz von seiner Mätresse Gräfin Orsina erhält, allerdings nicht liest (vgl. I.1).

Schreibaufgabe 3
Gestalten Sie einen **inneren Monolog** des Prinzen während oder nach dem Treffen mit seiner Mätresse in dem Lustschloss in Dosalo (vgl. IV.4).

b Ergänzen Sie in einem kurzen Erläuterungstext, in welcher Form und an welcher Stelle Ihr Text in das Drama eingebaut werden könnte.
c Präsentieren Sie Ihre Ergebnisse im Plenum.

Leidenschaft, Vernunft und Moral – Eine Interpretation diskutieren (Teil 1)

1 Erörtern Sie, inwiefern Lessing folgende Überlegung zum Theater in „Emilia Galotti“ umgesetzt hat.

Auf dem Theater sollen wir nicht lernen, was dieser oder jener einzelne Mensch getan hat, sondern was ein jeder Mensch von einem gewissen Charakter unter gewissen gegebenen Umständen tun werde.

Gotthold Ephraim Lessing: Hamburgische Dramaturgie (1767). Hrsg. und kommentiert von Klaus L. Berghahn. Stuttgart: Reclam 2006, S. 103

2 a Geben Sie den Grundgedanken über das Wesen der Katharsis (Reinigung) wieder, den Lessing aus der aristotelischen Vorlage ableitet. Machen Sie sich dazu Notizen zu folgenden Fragen:
- Wie sollte der tragische Held beschaffen sein?
- Welche Bedingungen muss das „Übel“ erfüllen, das ihm widerfährt?
- Was geschieht während und nach dem Theaterbesuch mit dem Publikum?

b Diskutieren Sie in Kleingruppen, ob die Reaktion, die vom Zuschauer erwartet wird, eher vernunft- oder eher gefühlsgesteuert ist.

Text 1

Aristoteles (384–322 v. Chr.) hat in seiner „Poetik“ die Funktion der Tragödie wie folgt beschrieben:
Die Tragödie ist Nachahmung einer guten und in sich geschlossenen Handlung von bestimmter Größe, in anziehend geformter Sprache, wobei diese formenden Mittel in den einzelnen Abschnitten je verschieden angewandt werden – Nachahmung von Handelnden und nicht durch Bericht, die Jammer und Schaudern hervorruft und hierdurch eine Reinigung [griechisch: *Katharsis*, Anm. d. Verf.] von derartigen Erregungszuständen bewirkt.

Aristoteles: Poetik. Griechisch/Deutsch. Übers. und hrsg. von Manfred Fuhrmann. Stuttgart: Reclam 1993, S. 19

Text 2

Lessing übersetzt Aristoteles neu und findet statt „Jammer und Schaudern“ die Begriffe „Furcht und Mitleid“, die für die Reinigung (Katharsis) in der Tragödie verantwortlich seien:
Er [Aristoteles] spricht von Mitleid und Furcht, nicht vom Mitleid und Schrecken, und seine Furcht ist durchaus nicht die Furcht, welche uns das bevorstehende Übel eines andern, für diesen andern, erweckt, sondern es ist die Furcht, welche aus unserer Ähnlichkeit mit der leidenden Person für uns selbst entspringt; es ist die Furcht, dass die Unglücksfälle, die wir über diese verhänget sehen, uns selbst treffen können; es ist die Furcht, dass wir der bemitleidete Gegenstand selbst werden können. Mit einem Worte: Diese Furcht ist das auf uns selbst bezogene Mitleid. (75. Stück, S. 383)
[W]enn Aristoteles uns bloß hätte lehren wollen, welche Leidenschaften die Tragödie erregen könne und solle, so würde er sich den Zusatz der Furcht allerdings haben ersparen können [...]. Aber er wollte uns zugleich lehren, welche Leidenschaften, durch die in der Tragödie erregten, in uns gereiniget werden sollten; und in dieser Absicht musste er der Furcht insbesondere gedenken. [...] Sobald die Tragödie aus ist, höret unser Mitleid auf, und nichts bleibt von allen den empfundenen Regungen in uns zurück als die wahrscheinliche Furcht, die uns das bemitleidete Übel für uns selbst schöpfen lassen. Diese nehmen wir mit. (77. Stück, S. 393)
Denn wer sich um einen richtigen und vollständigen Begriff von der aristotelischen Reinigung der Leidenschaften bemüht hat, wird finden, dass [...] diese Reinigung in nichts anders beruhet als in der Verwandlung der Leidenschaften in tugendhafte Fertigkeiten [...]. (78. Stück, S. 401)

Gotthold Ephraim Lessing: Hamburgische Dramaturgie (1767). Hrsg. und kommentiert von Klaus L. Berghahn. Stuttgart: Reclam 2006

3 Diskutieren Sie in kleinen Gruppen, inwieweit „Emilia Galotti“ einen solch reinigenden Effekt auf das zeitgenössische und das heutige Publikum hatte bzw. hat.

Leidenschaft, Vernunft und Moral – Eine Interpretation diskutieren (Teil 2)

4 Beantworten Sie die folgenden Fragen zu Monika Ficks Interpretation von „Emilia Galotti":
- Welche Rolle spielen Vernunft und Gefühl laut Monika Fick bei den Figuren in „Emilia Galotti"?
- Welche Pole sieht sie in den Handlungsmotiven der Figuren?
- Worin sieht sie das Problem von Emilia?
- Was, glaubt Monika Fick, hat Odoardo bei der Erziehung falsch gemacht?
- Worin sieht sie mögliche Botschaften des Dramas?

Monika Fick: Moralität der Leidenschaften? Die Bedeutung des Mitleids (2000)

Zu Recht wurde beobachtet, dass, obgleich die Protagonisten in Lessings Drama ihrer Vernunft nicht gehorchen, trotzdem die Affekte, von denen sie zu ihren Taten getrieben werden, mit moralischen Empfindungen gemischt sind [...]. Odoardos Verlangen nach Rache basiert auf dem Verlangen nach Gerechtigkeit. Orsinas Eifersucht ist die Kehrseite einer großen Liebe. [...] Eine potenziell moralische Qualität wird sogar der Leidenschaft des Prinzen zugestanden: Die Gefühle für Emilia machen ihn „besser", die konstante Neigung zu ihr böte einen Weg der Läuterung. [...] Und die sexuell-erotische („Sinne", „Blut") Verführbarkeit, vor der Emilia sich so sehr entsetzt? [...] Emilia erscheint als Opfer der Misogynie[1]. Sie hat die Suggestion[2] verinnerlicht, dass sie unfähig zur Selbstbestimmung und prinzipiell dem Begehren des Mannes ausgeliefert ist, auch da, wo sich Wille und sittliches Empfinden sträuben. [...] Nicht das Tugendideal steht zur Debatte, sondern Emilias Selbstwahrnehmung, der Mangel an Zuversicht, es befolgen zu können. Verantwortlich ist wohl der Vater zu machen. Seine Erziehungsmaxime, die Bereitschaft zum „Fehltritt" bei jedem „Schritt" vorauszusetzen, zeugt von einer fatalen Mischung aus Repression[3] der Sinnlichkeit und dem lüsternen Aufspüren jeder sexuellen Regung, um sie als „Sünde" zu brandmarken. Auf solchem Boden kann keine „gesunde" Natur gedeihen. [...] Ein freierer Umgang mit der eigenen Sexualität gerade um des Ideals der Tugend willen scheint jedenfalls gefordert. Aus dieser Sicht impliziert die Tragödie den Appell, Vernunft und Sinnlichkeit zu integrieren. Jedoch auch dieser Versuch, dem dramatischen Plan ein rationales Telos[4] zu unterlegen, führt in eine gedankliche Aporie[5]. Denn immer bleibt die Frage ohne Antwort: Wenn in den Leidenschaften selbst die moralische Orientierung steckt, warum behalten dann die Vernichtungsfantasien die Oberhand, die Fantasien von Rache und Wollust? Warum dominiert nicht die Leidenschaft zum Guten? Heißt „Veredlung" der Leidenschaften letztlich nicht doch deren Umpolung, Schwächung, Unterdrückung? Wie aber kann eine solche erfolgen?

Zeigt Lessing in seiner letzten Tragödie, wie die „Aufklärung" an der menschlichen Natur scheitert? Oder zeigt er umgekehrt, dass der Mensch auch im selbst verschuldeten Untergang der Aufklärung fähig und würdig bleibt? Zeigt er die Vergeblichkeit von Tugendidealen oder zeigt er deren Verankerung in Sinnlichkeit und Emotionalität? Aus den Zusammenhängen des Dramas allein lässt sich für keine der Alternativen eine logisch einwandfreie Begründung ableiten.

Die Antwort ergibt sich aus dem Wirkungspostulat[6], der Erregung von „Mitleid". Im Mitleid ist die Existenz der Figuren bejaht, ist ihr moralischer Wert jenseits ihrer Fehler gleichsam anerkannt. Das Mitleid revidiert[7] die Sündenangst und durchbricht den Rachemechanismus. Vor dem Forum der Vernunft halten die Entscheidungen der Figuren nicht Stich. Die Instanz des Gefühls jedoch heißt ihr verworrenes Streben „gut". Das Mitleid allein setzt die Optik frei, aus der heraus der dramatische Plan die „beste aller möglichen Welten" transparent macht – eine Welt, die auf eine mitleidige Optik angewiesen ist.

Monika Fick: „Moralität der Leidenschaft? Die Bedeutung des Mitleids", in: Lessing-Handbuch. Hrsg. v. Monika Fick, S. 337 f.
© 2000 J. B. Metzler'sche Verlagsbuchhandlung und Carl Ernst Poeschel Verlag GmbH, Stuttgart.

[1] **Misogynie:** Frauenfeindlichkeit
[2] **Suggestion:** Beeinflussung eines Menschen
[3] **Repression:** Unterdrückung von Trieben
[4] **Telos:** das Ziel, der (End)zweck
[5] **Aporie:** Unmöglichkeit, eine philosophische Frage zu lösen
[6] **Postulat:** *hier:* Behauptung, Vorausannahme
[7] **revidieren:** überprüfen

5 Diskutieren Sie diese Interpretation von „Emilia Galotti".
- Einigen Sie sich zunächst in Kleingruppen auf eine zu erörternde These.
- Diskutieren Sie Ihre These im Kleingruppengespräch und halten Sie das Ergebnis knapp fest.

Die Sprache der Empfindsamkeit – Sprachliche Mittel untersuchen

Information **Empfindsamkeit (ca. 1740–1780)**

Als Antwort auf die teilweise rationale Einseitigkeit der **Aufklärung**, die sich gegen die Bevormundung des Menschen richtete und auf dem Vertrauen in die Fähigkeiten der menschlichen Vernunft basierte, bildete sich die so genannte **Empfindsamkeit** heraus. Sie gilt als Manifestation der bürgerlichen Emanzipationsbestrebungen und bleibt der Aufklärung verhaftet. Neu sind die Betonung der Empfindungsfähigkeit und der überschwängliche Ausdruck der Gefühle für Natur, Liebe und Freundschaft. Die Sprache wurde um Wörter wie „zärtlich", „lieblich", „Gemüt", „Gefühl" oder „Gewissen" bereichert. Lessing stellte auf der Bühne Gefühle und Empfindungen dar, damit das Publikum diese nacherleben konnte. So versuchte er die Zuschauer in seinem Sinn zu beeinflussen.

1 **a** Lesen Sie den 6. Auftritt im 1. Aufzug und markieren Sie direkte Aussagen und außersprachliche Mittel, die die Gefühle des Prinzen verdeutlichen.
b Erstellen Sie auf der Grundlage der von Ihnen gefundenen Beispiele eine Übersicht, die zeigt, auf welche Weise Gefühle dargestellt werden können.

sprachliche Mittel	außersprachliche Mittel
▪ Abbruch eines Gedankens: „Wenn sie aus Liebe närrisch wird, so wäre sie es, früher oder später, auch ohne Liebe geworden – Und nun, genug von ihr!" (S. 13 f.) ...	▪ „Stillschweigen" (S. 12) ...

c Benennen Sie die Gefühle des Prinzen, die hier zum Ausdruck kommen, in eigenen Worten.

2 **a** Sammeln Sie im 6. Auftritt des 2. Aufzugs Äußerungen und außersprachliche Mittel Emilias, in denen ihre Gefühle deutlich werden.
b Benennen Sie die Gefühle Emilias, die hier zum Ausdruck kommen, in eigenen Worten.

3 Prüfen Sie die folgende These von Karl Wilhelm Ramler zu Lessings Sprache. Notieren Sie dazu Beispiele aus dem Drama, die die These belegen bzw. widerlegen, und formulieren Sie ein Fazit.

Über Lessings Sprache in „Emilia Galotti" schreibt Karl Wilhelm Ramler (1725–1798) am 28. März 1772 in einer Rezension in der Berlinischen privilegierten Zeitung:
Was seine [Lessings] Sprache anbetrifft, so ist sie die Sprache der mannigfaltigen Natur, aber die lebhafte und kurze, die nachdrücklich und dennoch leichte Sprache der Natur; nicht wie die einförmige Sprache der Studierstube, nicht die einförmige Sprache so manches berühmten ausländischen Dichters, bei welchem die Prinzessin Tochter und der tapfere Vater und der alte Bediente und die junge Vertraute ungefähr einerlei Sprache und mehrenteils eine zu künstliche, übertriebene, deklamatorische Sprache führen.

Zitiert nach: Gesa Dane: G. E. Lessing, Emilia Galotti. Erläuterungen und Dokumente. Stuttgart: Reclam 2002, S. 87

Symmetrische oder komplementäre Kommunikation? – Dialoge analysieren

1 **a** Lesen Sie den folgenden Text, in dem dargelegt wird, inwiefern sich an der Kommunikationsweise die Beziehung der Gesprächspartner erkennen lässt.
b Definieren Sie schriftlich die Begriffe „symmetrische" und „komplementäre Kommunikation".
c Notieren Sie Ideen, woran man eine komplementäre Gesprächsform in einer Dramenszene erkennen könnte.

Paul Watzlawick: Symmetrische und komplementäre Kommunikation (1969)

[Die als symmetrisch und komplementär bezeichneten Interaktionsformen] stehen für Beziehungen, die entweder auf Gleichheit oder auf Unterschiedlichkeit beruhen. Im ersteren Fall ist das Verhalten der beiden Partner sozusagen spiegelbildlich und ihre Interaktion daher *symmetrisch*. Dabei ist es gleichgültig, worin dieses Verhalten im Einzelfall besteht, da die Partner sowohl in Stärke wie in Schwäche, Härte wie Güte und jedem anderen Verhalten ebenbürtig sein können. Im zweiten Fall dagegen ergänzt das Verhalten des einen Partners das des anderen, wodurch sich eine grundsätzlich andere Art von verhaltensmäßiger Gestalt ergibt, die *komplementär* ist. Symmetrische Beziehungen zeichnen sich also durch Streben nach Gleichheit und Verminderung von Unterschieden zwischen den Partnern aus, während komplementäre Interaktionen auf sich gegenseitig ergänzenden Unterschiedlichkeiten basieren.

In der komplementären Beziehung gibt es zwei verschiedene Positionen: Ein Partner nimmt die so genannte superiore, primäre Stellung ein, der andere die entsprechende inferiore, sekundäre. [...] Komplementäre Beziehungen beruhen auf gesellschaftlichen oder kulturellen Kontexten [...] oder sie können die idiosynkratische Beziehungsform[1] einer ganz bestimmten Dyas[2] sein.

[...] *Zwischenmenschliche Kommunikationsabläufe sind entweder symmetrisch oder komplementär, je nachdem, ob die Beziehung zwischen den Partnern auf Gleichheit oder Unterschiedlichkeit beruht.*

Paul Watzlawick et al.: Menschliche Kommunikation. Formen, Störungen, Paradoxien. 12., unveränderte Auflage. Bern: Verlag Hans Huber 2011, S. 79 f.

[1] **idiosynkratische Beziehungsform:** *hier:* individuelle Beziehungsform
[2] **Dyas:** (philosophisch) Zweiheit

2 Untersuchen Sie die hier aufgelisteten Dialoge arbeitsteilig in vier Gruppen im Hinblick darauf, was Sie über die Beziehungen zwischen den genannten Figuren erfahren.
Hinweis: Orientieren Sie sich an den unten stehenden Fragestellungen.

- Gruppe A: Prinz/Marinelli (1. Aufzug, 6. Auftritt)
- Gruppe B: Odoardo/Claudia (2. Aufzug, 4. Auftritt)
- Gruppe C: Emilia/Claudia (2. Aufzug, 6. Auftritt)
- Gruppe D: Appiani/Emilia/Claudia (2. Aufzug, 7. Auftritt)

- Worum geht es in dem Gespräch? (Inhalt, Positionen)
- Wie verläuft das Gespräch? (Anlass, Wendepunkt, Ende des Gesprächs)
- Wie sprechen die Figuren miteinander? (Anrede, Klartext oder verschleiernde Aussagen, Ausdruck von Gefühlen, lange/kurze Gesprächsbeiträge, eher Fragen/eher Antworten)
- Welche Stellung haben die Figuren? (im Gespräch/im sonstigen Leben)
- Handelt es sich um komplementäre oder symmetrische Kommunikation?
- Welche Funktion hat dieser Auftritt im Kontext des Dramas?

3 Präsentieren Sie Ihre Ergebnisse und informieren Sie einander im Plenum.

Zeitgenössische Rezensionen – Sachtexte vergleichen

1 Vergleichen Sie die Rezensionen von Lessings Zeitgenossen, indem Sie die zentralen Thesen und Begründungen knapp gegenüberstellen.

Matthias Claudius über „Emilia Galotti“ (Wandsbecker Bote am 14. und 15. April 1772)

Das Erste also, was ich von dem Trauerspiel „Emilia Galotti“ zu sagen habe, ist, dass es mir gefallen hat. [...] Freilich wenn ich wüsste, was zu einem guten Trauerspiel gehörte, da könnte ich weitläufig sagen, so und so und warum dies und das gut ist, so aber – und doch – und doch (denn warum sollte ich mich nicht mit dem Prinzen vergleichen, ich mich nicht mit ihm vergleichen? – ich tauschte doch wahrhaftig mit ihm nicht), und doch gehts mir, dünkt mich, wie dem Prinzen, als er zum Maler Conti sagte: „Lieber Conti, wie darf unsereiner seinen Augen trauen? Eigentlich weiß doch nur ein Maler von der Schönheit zu urteilen.“ Der Maler Conti antwortete ihm.
Und eines jeden Empfindung sollte erst auf den Ausspruch eines Malers warten? – Ins Kloster mit dem, der erst von uns lernen will, was schön ist [...]. Der Schuss im ersten Auftritt des dritten Aufzugs hat mich recht erschreckt, ich war mir auf hundert Meilen noch keinen Schuss vermuten, und denn so hat mich die Orsina auch ein paar Mal recht überrascht, ich erwartete so viel Geist und Entschlossenheit und festen Mut von einem Frauenzimmer nicht. Zwar es muss einen wohl rasend machen, wenn so ein Mann – Eines kann *ich* mir in diesem Augenblick nicht recht auflösen, wie nämlich die Emilia [...] sozusagen bei der Leiche ihres Appiani an die Verführung eines andern und dabei an ihr warmes Blut denken konnte. Mich dünkt, ich hätte in ihrer Stelle halb nackt durch ein Heer der wollüstigen Teufel gehen wollen, und keiner hätte es wagen sollen, mich anzurühren. Zwar ich kann heute nicht für die Richtigkeit meiner Empfindung stehen.

Zitiert nach: Gesa Dane: G. E. Lessing, Emilia Galotti. Erläuterungen und Dokumente. Stuttgart: Reclam 2002, S. 93 f.

Johann Joachim Eschenburg über „Emilia Galotti“ (Gnädigst Privilegierte Neue Braunschweigische Zeitung von Ende März 1772)

Unter allen Merkmalen des Genies, woran dieses Stück so ungemein reich ist, sticht keins durchgehends mehr hervor als eben diese weise, unnachahmliche Ökonomie, mit welcher der Dichter das simpelste Subjekt[1] in einen Plan zu verweben gewusst hat, [...] jeder Umstand, der zur Entwicklung des Subjekts gehörte, entweder unmittelbar oder doch in seinen nächsten Folgen vor den Augen des interessierten Zuschauers vorgeht und so vorgeht, wie es die Natur der dabei spielenden Leidenschaften und der einmal festgesetzten Charaktere der handelnden Personen erforderte. [...]
Emilia Galotti, ein Mädchen voller Liebreiz, Bescheidenheit und der sanftesten Unschuld, welche durch Erziehung und Religion in ihr gebildet und gesichert ist. Edel denkend und doch dabei weiblich und jugendlich; ein fein gemischter Charakter, dessen Trennung uns schon so manches romanhaftes Mädchen aufs Theater gebracht hat; schüchtern und bei unerwarteten Begebnissen äußerst betroffen; aber bald wieder in sich gekehrt und gesetzt [...]. Ihr ganzes Verhalten, wenn sie nun in den Händen des Prinzen ist, entspricht ihrer oben angeführten Gemütsart völlig; und die grausame Bitte an ihren Vater, ihr den Tod zu geben, wird die ganze siebente Szene des letzten Aufzugs hindurch auch von ihrer Seite meisterhaft vorbereitet: durch ihre anscheinende Ruhe, die, sobald sie ihre Gefahr wahrnimmt, wieder gestört und zur ängstlichen Besorgnis sogleich aber wieder zur gesetzten Entschlossenheit wird, sich durch keine Gewalt zwingen zu lassen. Und in dieser Fassung, wie natürlich, dass sie beim Anblick eines Dolchs ihn als das geschwindeste Mittel ansieht, aller Verführung auszuweichen, deren Gewalt sie sich itzt aufs Lebhafteste vorstellt und dabei das Gefühl der Natur und ihres warmen, jugendlichen Bluts in ihre Seele zurückrufe! Auch ihre strenge Denkungsart in der Religion kann ihr hier nicht in den Weg treten; sie sieht, nach den Begriffen ihres Glaubens, einen solchen Tod für Märtyrertod an. Ihr Vater befriedigt den Wunsch desselben; und noch behält sie die Überzeugung, er habe nur „eine Rose gebrochen, ehe der Sturm sie entblättert“.

Zitiert nach: Gesa Dane: G. E. Lessing, Emilia Galotti. Erläuterungen und Dokumente. Stuttgart: Reclam 2002, S. 84 ff.

[1] **Subjekt:** *hier:* der Gegenstand, das Thema der Handlung

2 Welche Rezension entspricht eher Ihrer Meinung? Begründen Sie schriftlich Ihre Entscheidung.

Thalheimers „Emilia Galotti“ – Eine Inszenierung untersuchen

In Michael Thalheimers Inszenierung von „Emilia Galotti“ aus dem Jahr 2001 am Deutschen Theater in Berlin tritt Emilia in einem von Lessing nicht vorgesehenen pantomimischen Vorspiel auf, bevor der eigentliche Sprechtext beginnt.

Emilia (Regine Zimmermann) in der Inszenierung von Michael Thalheimer am Deutschen Theater in Berlin, Foto: Iko Freese/drama-berlin.de

1 **a** Prüfen Sie in Kleingruppen, ob und in welcher Form ein pantomimisches Vorspiel als Exposition dienen kann.
- Überlegen Sie, ob und wie ein solcher Einstieg über Schauplatz, Zeit, zentralen Konflikt und handelnde Figuren informieren kann.
- Proben Sie in Ihren Gruppen verschiedene pantomimische Varianten.
- Einigen Sie sich auf eine Version, die zeigt, wie ein pantomimischer Vorspann Ihrer Meinung nach gestaltet sein müsste.

b Führen Sie Ihre Endversion einer anderen Gruppe vor und diskutieren Sie mit Ihrem Publikum darüber, ob Sie die von Ihnen beabsichtigte Wirkung erzielt haben.

2 Vergleichen Sie Ihre Ergebnisse zu dem Vorspiel mit Thalheimers Realisierung der Pantomime. Schauen Sie sich dazu den Beginn seiner Inszenierung bis zum ersten Sprechtext an und fassen Sie kurz auf einem separaten Blatt zusammen,
- was in dem stummen Vorspiel in pantomimischer Form erzählt wird;
- ob und inwiefern dieser Vorspann als Exposition dient.

3 Schauen Sie sich Thalheimers Inszenierung bis zum Ende des vierten Akts an und bearbeiten Sie folgende Teilaufgaben:

a Untersuchen Sie die Figuren näher.
- Notieren Sie dazu, welche Figuren gestrichen wurden.
- Überlegen Sie, welche Funktion diese Figuren jeweils haben und welche Wirkung aus dem Verzicht auf diese Figuren resultiert.

b Überlegen Sie, welche Rolle Musik und Rhythmen in der Inszenierung spielen.

c Beschreiben Sie das Bühnenbild und erläutern Sie, inwiefern es den Schauplatz des Dramas angemessen repräsentiert.

4 Vergleichen Sie den Schluss des Trauerspiels mit dem Ende von Thalheimers Inszenierung.

a Schauen Sie sich das Ende der Thalheimer-Inszenierung an und beschreiben Sie, in welcher Form der Schluss geändert wurde.

b Überzeugt Sie diese Variante? Begründen Sie Ihre Haltung im Partnergespräch.

Lessing und das bürgerliche Trauerspiel – Das Drama beurteilen

1 Informieren Sie sich anhand des folgenden Lexikontextes über das bürgerliche Trauerspiel und Lessings Bedeutung als Begründer dieser Dramenform in Deutschland.

Bürgerliches Trauerspiel, ein Drama, dessen Tragik sich in einer betont bürgerl. Welt entfaltet, und zwar im Kampf gegen die Unterdrückung durch den Adel, in Konflikten innerhalb des Standes, die e. innere Tragik enthüllen, oder im Zusammenstoß mit dem aufkommenden Arbeiterstand, der an der Brüchigkeit bürgerl. Weltordnung Kritik übt. Diese drei grundsätzlichen Möglichkeiten folgen in geschichtl. Reihenfolge und spiegeln die Entwicklung des Bürgertums wider. Die Form des b. T.s ist durchweg Prosa. Die Verwendung bürgerl. Personen, Geschicke und Lebensauffassung im Trauerspiel ist nicht zu allen Zeiten selbstverständlich gewesen: Bis in die Mitte des 18. Jh.s herrschte die Ständeklausel[1], die dem Bürger die Fähigkeit zum Tragischen und dem b. T. die Fallhöhe[2] abspricht. [...] Erst mit dem Aufstieg e. selbstbewussten und standesstolzen Bürgerkultur ergab sich das Bestreben, die sittl. Grundsätze und Konflikte des neuen Standes auch im angemessenen und ernsten Drama auf der Bühne zu zeigen, zumal die Gleichheit der auf der Bühne dargestellten Lebensanschauung mit derjenigen der Zuschauer eine viel tiefer greifende Wirkung erzielen musste als die kalte Bewunderung lebensferner Heroen. Das b. T. entwickelt sich mit dem Umschwung von der soz. zur eth. Wertung des Menschen zuerst in England unter dem dort früher erstarkten, emanzipierten Bürgertum [...]. In Frankreich geht die Entwicklung nicht von der strengen klassizist. Tragödie, sondern von der Komödie aus. [...] Der Schöpfer des dt. b. T.s wurde nach Vorgang von Chr. L. Martinis „Rhynsolt und Sapphira" (1753) Lessing; nach engl. Vorbild und in krit. Abgrenzung gegen die franz. Tragödie entsteht 1755, zunächst noch in engl. Milieu spielend, sein rührendes Familienbild „Miss Sara Sampson" und erlebt zahlreiche moralisierende Nachahmungen in der Zeit bis 1772. Auf der anderen Seite führt seine „Minna von Barnhelm" (1767) als e. der ersten Lustspiele auch den Adel auf die Bühne. Der trag. Zusammenstoß von Bürgertum und Adelswillkür erscheint zuerst in Lessings „Emilia Galotti" 1772, dem ersten Höhepunkt des b. T.s: Scharfer Protest gegen absolutist. Willkür fährt aus den rührenden Familienszenen in den größeren Zusammenhang staatspolit. und sozialer Probleme. Die Reihe der b. T.e, die gegen Übergriffe des Adels auf das preisgegebene Bürgertum in radikaler Form Stellung nehmen und die Auflehnung des Individuums gegen die Gesellschaftsordnung verherrlichen, setzt sich in zahlreichen, doch [...] oft formlosen Sozialdramen des Sturm und Drang fort.

Gero von Wilpert: Sachwörterbuch der Literatur. 7. Auflage. Stuttgart: Kröner 1989, S. 129f.

[1] **Ständeklausel:** dramatisches Prinzip, demzufolge nur die Schicksale von Königen, Adeligen und anderen Standespersonen Gegenstand der Tragödie sein durften

[2] **Fallhöhe:** Die mögliche Differenz zwischen dem Ursprungsstatus und dem Endstatus des tragischen Helden. Begründung für die Ständeklausel in der Tragödie war, dass es bürgerlichen Figuren an „Fallhöhe" fehle, d. h., dass ihnen nichts wirklich Tragisches passieren könne, da sie keine hohe gesellschaftliche Position zu verlieren hätten.

2 Sammeln Sie Beispiele dafür, inwiefern „Emilia Galotti" den Kriterien des bürgerlichen Trauerspiels entspricht. Übertragen Sie dazu die Tabelle auf ein separates Blatt und ergänzen Sie sie.

bürgerliches Trauerspiel	Lessings „Emilia Galotti"
▪ betont bürgerliche Welt ▪ Kampf gegen Unterdrückung durch den Adel ▪ ...	▪ Familie Galotti zählt zum niederen Adel, orientiert sich aber am Lebenswandel des Bürgertums. ▪ ...

3 Gestalten Sie in einem Dialog, wie sich Lessings Zeitgenossen nach der Aufführung von „Emilia Galotti" über das Trauerspiel geäußert haben könnten. Berücksichtigen Sie in dem Gespräch die Ergebnisse der Aufgaben 1 und 2 sowie die Erkenntnisse, die Sie bei der Bearbeitung der thematischen Arbeitsblätter gewonnen haben.

Vernunft oder Gefühl? – Den Text literaturgeschichtlich einordnen

1 **a** Informieren Sie sich anhand des folgenden Textes über die literarischen Strömungen im 18. Jahrhundert. Markieren Sie Schlüsselbegriffe.
b Stellen Sie die wichtigsten Aussagen des Textes in Form eines Schaubilds dar.
c Erläutern Sie einander Ihre Schaubilder in Kleingruppen und nehmen Sie gegebenenfalls Korrekturen vor.

Rainer Baasner: Aufklärung und Empfindsamkeit (2006)

Neben den Hauptentwicklungslinien der aufklärerischen Literatur, die vor allem an Prinzipien der rationalistischen Wissensvermittlung orientiert ist, finden sich weitere Entwicklungszusammenhänge der Literatur, die als Nebenströmungen bezeichnet werden können. Sie gehören durch ihre komplementäre Ausprägung ebenfalls unverzichtbar in die Literaturlandschaft des Zeitalters. Hervorzuheben wäre unter ihnen zunächst der Sturm und Drang, der jedoch in der vorliegenden Einleitung nicht berücksichtigt wird.
Des Weiteren entstehen in der Schönen Literatur seit etwa 1740 Tendenzen der Empfindsamkeit, die der rücksichtslosen Vorherrschaft der Vernunft Grenzen zu setzen bemüht sind. Der Terminus „Empfindsamkeit" bezeichnet eine Strömung der deutschen Literatur des 18. Jahrhunderts, die in diesem Sinne als Komplement zur Aufklärung entsteht und parallel zu ihr verläuft. Im Gegensatz zu „Aufklärung" hat diese Bezeichnung eine deutlich geringere Reichweite, sie ruht erstens auf deren Grundprinzipien und ist zweitens auf die Schöne Literatur und ihre Berührungsbereiche mit Moralphilosophie, pietistischer Theologie und anderen kulturellen Feldern beschränkt. Die Verwendung des Terminus „empfindsam" zur Bezeichnung einer neuen Gefühlskultur geht wohl auf Lessings Vorschlag zurück, das in der englischen Literatur geläufige Wort „sentimental" im Deutschen mit diesem Begriff wiederzugeben.
Die Entwicklung der deutschen Literatur des fortgeschrittenen 18. Jahrhunderts ist ohne eine Würdigung der „Empfindsamkeit" nicht zu verstehen. Wo Aufklärung bloß auf den Verstand des Menschen setzt, bezieht Empfindsamkeit Herz und Sinne in die Betrachtung mit ein. Die in diesem Kontext vorgenommene Aufwertung des Gefühls geht auf die Erfahrung zurück, dass nicht alle menschlichen Äußerungen oder Handlungen rational sind, sondern gleichfalls oder häufig allein auf Empfindungen beruhen. Diese sind nicht aufklärbar, das heißt, sie können dem logisch-systematischen Denken nicht sinnvoll untergeordnet, ja oft nicht einmal in dessen Kategorien erklärt werden. Dieser Bereich markiert eine Grenze für die traditionelle, rationalistische Aufklärung und ihre anthropologischen und erkenntnistheoretischen Auffassungen.
In der Empfindsamkeit wird somit – in einer positiven Auslegung – die rationalistische Aufklärung um wichtige menschliche Dimensionen erweitert. Diese betreffen erstens die natürliche Veranlagung und intuitive Fähigkeit zum moralischen Handeln (dies wird bewirkt und angeleitet durch ein von Gott oder der Natur gegebenes „gutes Herz"), zweitens die sinnliche Wahrnehmung und die Entwicklung von Gefühlen. Weder die Entscheidungen des Herzens noch die Entstehung sinnlicher Eindrücke und Gefühle müssen dem Verstand unterworfen werden, wie es die Aufklärungstheorie postuliert. Die Kriterien der Empfindsamkeit sind jedoch nicht nur im positiven Sinne als Abgrenzung von Aufklärung zu verstehen. Die Vertreter des Rationalismus lehnen sie ab und erheben den Vorwurf, durch Empfindsamkeit werde jede objektivierbare Regelung der vernunftorientierten Aufklärung einer moralischen und subjektivistischen Gefühlsduselei („Empfindelei") geopfert.

Rainer Baasner: Einführung in die Literatur der Aufklärung. Einführungen Germanistik. Hrsg. v. Gunter E. Grimm und Klaus-Michael Bogdal. Darmstadt: WBG 2006, S. 9f.

2 **a** Ordnen Sie das Drama „Emilia Galotti" literaturgeschichtlich ein. Ergänzen Sie den Titel an der entsprechenden Stelle in Ihrem Schaubild.
b Formulieren Sie für ein Literaturlexikon für Schüler einen kurzen informativen Text zu Lessings „Emilia Galotti". Berücksichtigen Sie darin die Themen, Sprache und Figuren des Dramas und führen Sie aus, wie wichtig Vernunft und Gefühl für die Entscheidungen der Figuren sind.

Name: Kurs: Datum:

Analyse/Interpretation eines literarischen Textes und eines Bildes

1 **a** Ordnen Sie den Dramenauszug aus dem 5. Auftritt des 3. Aufzugs kurz in den unmittelbaren Kontext ein.
b Analysieren/Interpretieren Sie den Dramenauszug im Hinblick auf das Verhältnis zwischen Emilia und dem Prinzen. Berücksichtigen Sie dabei auch das Gesprächsverhalten der beiden.

2 Beschreiben Sie das Standbild aus der Inszenierung von Barbara-David Brüesch am Schauspiel Stuttgart (in Kooperation mit dem Theater Winterthur) aus dem Jahr 2010. Erörtern Sie, inwieweit es die Beziehung von Emilia und dem Prinzen treffend darstellt. Beziehen Sie sich auf das gesamte Drama.

Gotthold Ephraim Lessing: Emilia Galotti (Auszug aus III.5)

[...]

DER PRINZ: Wo ist sie? Wo? – Wir suchen Sie überall, schönstes Fräulein. – Sie sind doch wohl? – Nun so ist alles wohl! Der Graf, Ihre Mutter –

EMILIA: Ah, gnädigster Herr! Wo sind sie? Wo ist meine Mutter?

DER PRINZ: Nicht weit; hier ganz in der Nähe.

EMILIA: Gott, in welchem Zustande werde ich die eine oder den andern vielleicht treffen! Ganz gewiss treffen! – denn Sie verhehlen mir, gnädiger Herr – ich seh es, Sie verhehlen mir –

DER PRINZ: Nicht doch, bestes Fräulein. – Geben Sie mir Ihren Arm und folgen Sie mir getrost.

EMILIA *(unentschlossen)*: Aber – wenn ihnen nichts widerfahren – wenn meine Ahnungen mich trügen: – Warum sind sie nicht schon hier? Warum kamen sie nicht mit Ihnen, gnädiger Herr?

DER PRINZ: So eilen Sie doch, mein Fräulein, alle diese Schreckensbilder mit eins verschwinden zu sehen.

EMILIA: Was soll ich tun? *(Die Hände ringend.)*

DER PRINZ: Wie, mein Fräulein? Sollten Sie einen Verdacht gegen mich hegen? –

EMILIA *(die vor ihm niederfällt)*: Zu Ihren Füßen, gnädiger Herr –

DER PRINZ *(sie aufhebend)*: Ich bin äußerst beschämt. – Ja, Emilia, ich verdiene diesen stummen Vorwurf. – Mein Betragen diesen Morgen ist nicht zu rechtfertigen: – zu entschuldigen höchstens. Verzeihen Sie meiner Schwachheit. – Ich hätte Sie mit keinem Geständnisse beunruhigen sollen, von dem ich keinen Vorteil zu erwarten habe. Auch ward ich durch die sprachlose Bestürzung, mit der Sie es anhörten oder vielmehr nicht anhörten, genugsam bestraft. – Und könnt ich schon diesen Zufall, der mir nochmals, ehe alle meine Hoffnung auf ewig verschwindet – mir nochmals das Glück, Sie zu sehen und zu sprechen, verschafft; könnt ich schon diesen Zufall für den Wink eines günstigen Glückes erklären – für den wunderbarsten Aufschub meiner endlichen Verurteilung erklären, um nochmals um Gnade flehen zu dürfen: so will ich doch – beben Sie nicht, mein Fräulein – einzig und allein von Ihrem Blicke abhangen. Kein Wort, kein Seufzer soll Sie beleidigen. – Nur kränke mich nicht Ihr Misstrauen. Nur zweifeln Sie keinen Augenblick an der unumschränktesten Gewalt, die Sie über mich haben. Nur falle Ihnen nie bei, dass Sie eines andern Schutzes gegen mich bedürfen. – Und nun kommen Sie, mein Fräulein – kommen Sie, wo Entzückungen auf Sie warten, die Sie mehr billigen. *(Er führt sie, nicht ohne Sträuben, ab.)*

[...]

Gotthold Ephraim Lessing: Emilia Galotti, Stuttgart: Reclam 2001, S. 48f.

Szenenbild aus der Inszenierung von Barbara-David Brüesch am Schauspiel Stuttgart (in Kooperation mit dem Theater Winterthur); Foto: Tine Edel

Name: Kurs: Datum:

Erörterung im Anschluss an die Analyse eines Sachtextes

1 Im Folgenden finden Sie einen Auszug aus Gerhard Jörders Besprechung von Thalheimers Inszenierung der „Emilia Galotti". Stellen Sie Jörders Argumentation dar. Berücksichtigen Sie die sprachlich-stilistische Gestaltung dieser Rezension.

2 Erörtern Sie Jörders These: „Was im Text oft nur angedeutet ist, allenfalls vermutet werden kann, unterdrückte Lust, geheime Begierden – hier wird alles an die spekulative Oberfläche gezerrt. Die Fantasie des Zuschauers ist entbehrlich." (Z. 33 ff.) Beziehen Sie sich auf das Drama und gegebenenfalls auf die Inszenierung.

Gerhard Jörder: Blut und Honig (2001)

[…] Um die Fatalität der Gefühle geht es auch in „Emilia Galotti", geht es auch Michael Thalheimer in seiner radikalen Lessing-Sicht. Die erste Begegnung zwischen Emilia (Regine Zimmermann) und dem Prinzen (Sven Lehmann) – in Olaf Altmanns haushohem, nach hinten zum dunklen Portal sich verengenden Bühnenschlauch – ist als stummes Vorspiel vorangestellt: ein Blitzschlag, ein Feuerregen, nichts wird mehr sein, wie es war. Emilia stöckelt davon, der Prinz taumelt, stürzt, keucht. Die Hand, mit der er ihren Gesichtskonturen nachfuhr, birgt er am Herzen unterm aufgerissenen Hemd.

Was folgt, ist nicht Entwicklung, sondern der unaufhaltsame Sturz in die Katastrophe. Auftritt, Abtritt, Abtritt, Auftritt. Eine Laufstegtragödie ohne Ausflucht, ein Melodram, vorangepeitscht vom Geschluchz der Violinen aus dem Off, von hämmernden Rhythmen: Herzschlagmusik nach Motiven aus dem Film „In the Mood for Love". Worte sind Nebensache, Geratter und Geschnatter, mechanisches Geräusch.

Die wahre Sprache sprechen die Körper. Ein befremdliches, artifizielles Bewegungssystem überzieht die Figuren, jede hat ihren eigenen Gestus – ein Torkeln und Hüpfen, ein Schnurgerade- und Zickzacklaufen, ein Kopfneigen und Fingerpiksen. Es ist der bizarrste Lessing, den man je sah. Und der schnellste: Nach 73 Minuten ist alles vorbei.

Zu Beginn muss man bangen um den Abend. Ein Einfall, ein Rieseneffekt – ist es wirklich mehr? Es könnte fürchterlich fad werden. Lessings Handlungslogiken, seine Spracharchitektur sind gnadenlos aufgebrochen, die Nebenpersonen gestrichen, Motivationsketten zertrümmert. Was im Text oft nur angedeutet ist, allenfalls vermutet werden kann, unterdrückte Lust, geheime Begierden – hier wird alles an die spekulative Oberfläche gezerrt. Die Fantasie des Zuschauers ist entbehrlich. Was Thalheimer bei seinem Hamburger „Liliom"[1] grandios gelang, die Wiedergewinnung eines Stücks durch extreme Skelettierung – dieses Verfahren kann hier nicht aufgehen. Lessing muss nicht entschlackt werden.

Die Skepsis bleibt bis zum Schluss – zu hoch ist die Verlustquote. Und dennoch, dennoch: Der Sog ist enorm, die Handschrift einer starken Regiebegabung jederzeit fühlbar. Es entstehen, vor allem wenn sich die Inszenierung zum Ende hin Augenblicke des Innehaltens gönnt, starke, magische Bilder. Und wären es nur die fabelhaften Auftritte der Nina Hoss, die statuenhafte Schönheit dieser blonden Rachegöttin Orsina, deren Todesküssen sich selbst der abgefeimte Marinelli (Ingo Hülsmann) nicht entziehen kann – das Hinsehen hätte schon gelohnt.

http://www.zeit.de/2001/41/Blut_und_Honig
(Stand: 26.2.2012)

[1] **Liliom:** Theaterstück des ungarischen Dramatikers Ferenc Molnár

Didaktischer Kommentar

Die vorliegenden Arbeitsblätter bilden die Grundlage für eine Unterrichtsreihe zu Lessings „Emilia Galotti". Die Kopiervorlagen sind mit Blick auf ein kompetenzorientiertes Landesabitur konzipiert und machen die Schüler/innen mit unterschiedlichen Methoden vertraut, mit denen sie die Lektüre weitgehend selbstständig erschließen können. Es werden textimmanente und -übergreifende Interpretationsansätze eingeführt und Thesen von zeitgenössischen und gegenwärtigen Rezipienten angeboten. Dabei stehen Fragestellungen im Mittelpunkt, die auch heutige Leser und Zuschauer des Trauerspiels noch beschäftigen. Darüber hinaus werden Themen behandelt, die eher im historischen Kontext zu verstehen sind.

Einstieg
Der Einstieg über das Arbeitsblatt *„Die Freiheit, eigene Entscheidungen zu treffen" – Begriffe diskutieren* (S. 5) kann vor der Lektüre des Dramas erfolgen. Die Aufgaben bereiten auf das zentrale Thema der Lektüre sowie auf dessen gegenwärtige Relevanz vor. Auf das Erarbeitete kann während der weiteren Arbeit zurückgegriffen werden (vgl. z. B. *Eine Spurensuche – Emilias Tod näher untersuchen* (S. 18) und *Die Rolle der Frau – Analysieren und gestaltend interpretieren* (S. 21 f.)).
Das Arbeitsblatt *Der erste Aufzug – Die Exposition untersuchen* (S. 6) hilft, die Struktur des Dramas besser zu verstehen und den ersten Aufzug als Einleitung in die Tragödie zu erkennen. Ein lektürebegleitender Arbeitsauftrag bewirkt, dass die Schüler/innen den Text zielgerichtet lesen.

Inhaltssicherung
In den folgenden beiden Arbeitsblättern geht es darum, das Lektürewissen der Schüler/innen zu prüfen. Während die Kopiervorlage *Ein Überblick – Szenenprotokolle erstellen und nutzen* (S. 7) in kooperativer Gruppenarbeit darauf zielt, eine strukturierte Übersicht über die einzelnen Aufzüge und Auftritte zu schaffen, geht es bei dem Blatt *Fragen zum Drama – Wissen prüfen* (S. 8) um das subjektive, inhaltliche Verstehen der gesamten Handlung. Letzteres könnte entweder direkt nach der Lektüre erfolgen oder auch als Abschluss nach der Präsentation der einzelnen Aufzüge, sozusagen als Hörauftrag für die Zuschauer, ob auch all diese Fragen in den Präsentationen beantwortet wurden.

Figuren
Bei der Erarbeitung der Figuren liegt das Gewicht auf dem komplexen Beziehungsgeflecht, in das die Adeligen und Bürgerlichen um Emilia verstrickt sind (*Innere und äußere Abhängigkeiten – Die Figurenkonstellation erarbeiten*, S. 9). Hierbei wird zunächst von der Auflistung der Dramatis Personae ausgegangen, da schon die Reihenfolge, in der die Figuren genannt werden, etwas über deren Relevanz im Stück verrät. Anschließend soll ein Schaubild erstellt werden, in dem die Beziehungen der einzelnen Figuren zueinander verdeutlicht werden. Darauf kann im Verlauf der Arbeit mit dem Drama immer wieder zurückgegriffen werden – auch um es gegebenenfalls anzupassen.
Der Schwerpunkt der Charakteranalyse wird auf Emilia (*Emilia Galotti – Die Titelfigur charakterisieren*, S. 10) und den Prinzen gelegt (*Hettore Gonzaga – Verschiedene Rollen untersuchen*, S. 11 f.). Am Beispiel von Emilia wird aufgezeigt, welche unterschiedlichen Elemente im Drama dazu beitragen, den Charakter einer Figur zu zeichnen, und wie diese für die Charakterisierung methodisch genutzt werden können. Der Prinz wiederum wird in seinen Rollen als Staatsmann und Privatmensch näher untersucht.
Darüber hinaus werden die Eltern Galotti als Vertreter des Bürgertums des 18. Jahrhunderts näher betrachtet (*Odoardo und Claudia – Positionen historisch einordnen*, S. 13 f.). Methodisch steht hier die Frage im Zentrum, inwiefern soziohistorische Informationen nützlich sind, um über eine rein textimmanente Betrachtungsweise hinaus die Handlungsmotivation von Dramenfiguren zu erschließen.

Handlung und Ort der Handlung
In den Kopiervorlagen *„Emilia Galotti" – Die Struktur des Dramas erarbeiten* (S. 15) und *Am Hof und fernab davon – Schauplätze analysieren* (S. 16) werden gängige dramentheoretische Modelle angewendet, um exemplarisch die Chancen und Grenzen solcher Hilfsmittel für die Interpretation zu untersuchen. Das Trauerspiel „Emilia Galotti" kann dabei als Vertreter des geschlossenen Dramas wahrgenommen werden, das zwar nicht alle Bedingungen der aristotelischen Poetik erfüllt, aber dennoch im Kern dieser Tradition folgt. In einer späteren Unterrichtsreihe könnte dies mit moderneren, offeneren Theaterkonzepten kontrastiert werden. Darüber hinaus sollten die Bedeutung des Handlungsaufbaus und die der eher symbolisch als realistisch angelegten Schauplätze im Zentrum der Betrachtung liegen.

Thematische Aspekte

Die Familie Galotti spielt im Drama eine wichtige Rolle, denn Vater Odoardo und Mutter Claudia beeinflussen die Handlungsentscheidungen Emilias wesentlich. Das Arbeitsblatt *Die bürgerliche Familie – Realität und Fiktion vergleichen* (S. 17) dient der Erkenntnis, inwiefern diese Einflussnahme mit den Familienidealen des 18. Jahrhunderts zusammenhängt. Ergänzend könnten die Schüler/innen diese Darstellung mit ihren eigenen Erfahrungen vergleichen, um herauszufinden, inwiefern sich die Vorstellungen von Familie seither verändert haben.
Seit der Uraufführung des Trauerspiels beschäftigen sich die Rezipienten mit dem kruden Ende des Dramas. Mit dem Arbeitsblatt *Eine Spurensuche – Emilias Tod näher untersuchen* (S. 18) soll der Schluss auf psychologische Glaubwürdigkeit hin untersucht werden.
Die Figuren werden häufig als „gemischte Charaktere" bezeichnet, also als Charaktere, die nicht klar als „gut" oder „böse" bewertet werden können. Ebenso verhält es sich mit der Polarität der bürgerlichen und höfischen Welt, die Lessing hier zeichnet. Das Arbeitsblatt *Höfische und bürgerliche Welt – Gesellschaftskritik erkennen* (S. 19 f.) regt zur Auseinandersetzung mit dieser „gemischten" Sicht Lessings auf Adel und Bürgertum an.
Durch die Aufklärung haben Frauen mehr Freiheit gewonnen. Die Gräfin Orsina beispielsweise tritt als eine neue, intellektuelle Frau auf, die gleichwohl die undankbare Position der verschmähten Mätresse einnimmt. Das Arbeitsblatt *Die Rolle der Frau – Analysieren und gestaltend interpretieren* (S. 21 f.) liefert Hintergrundwissen über Frauen im 18. Jahrhundert und regt dazu an, die Frauenfiguren in diesem Kontext zu positionieren.
Lessing sieht die Aufgabe der Tragödie darin, den Menschen mittels Mitleid und Furcht von seinen Leidenschaften zu reinigen und zu einem tugendhaften Handeln zu bewegen. Auf den Kopiervorlagen *Leidenschaft, Vernunft und Moral – Eine Interpretation diskutieren* (S. 23 f.) wird ein Angebot gemacht zur Auseinandersetzung mit dieser Theorie und ihrer Umsetzung in „Emilia Galotti".

Sprachliche und dramatische Gestaltung

Mit den Kopiervorlagen *Die Sprache der Empfindsamkeit – Sprachliche Mittel untersuchen* (S. 25 f.) sollen die Schüler/innen erarbeiten, inwieweit sprachlich-stilistische Mittel Ausdruck von Gefühlen sind. Bei dem Arbeitsblatt *Symmetrische oder komplementäre Kommunikation? – Dialoge analysieren* (S. 26) geht es darum, ausgehend von einem modernen kommunikationstheoretischen Modell die Dialoge auf Symmetrie bzw. Komplementarität hin zu untersuchen. Die Schüler/innen gewinnen Einsichten in die Struktur der Gespräche, offensichtliche und verdeckte Machtverhältnisse und in die Kunstfertigkeit, mit der Lessing die Dialoge angelegt hat.

Rezeption und Produktion

Die Reaktionen auf Lessings Drama waren von Anfang an sehr vielschichtig. Die Kopiervorlage *Zeitgenössische Rezensionen – Sachtexte vergleichen* (S. 27) ermöglicht den Vergleich von zwei zeitgenössischen Rezensionen, von denen eine den Schluss der Tragödie für psychologisch plausibel erklärt, die andere Zweifel an der Plausibilität anmeldet.
Eine kritische Auseinandersetzung mit Michael Thalheimers Inszenierung aus dem Jahr 2001, die einen ganz neuen Blick auf das Werk wirft, regt das Arbeitsblatt *Thalheimers „Emilia Galotti" – Eine Inszenierung untersuchen* (S. 28) an.
Den Schluss der Unterrichtsreihe bilden die Kopiervorlagen *Lessing und das bürgerliche Trauerspiel – Das Drama beurteilen* (S. 29) und *Vernunft oder Gefühl? – Den Text literaturgeschichtlich einordnen* (S. 30). Die Materialien ermöglichen es den Schülerinnen und Schülern, das Drama unter Einbezug der bisherigen Unterrichtsergebnisse in die Literaturgeschichte einzuordnen und die literarische Bedeutung des Dramas zu erkennen.

Vorschläge für Klausuren

Der erste Vorschlag enthält einen Dramenauszug, den es zu analysieren gilt. In einer weiteren Aufgabe wird die Beschreibung und Erörterung eines Szenenbildes verlangt. Der zweite Vorschlag stellt eine Sachtexterörterung dar, bei der eine Rezension zunächst zusammengefasst und analysiert und im Weiteren deren Relevanz an einem Beispielsatz diskutiert werden soll.

Lösungen

„Die Freiheit, eigene Entscheidungen zu treffen" – Begriffe diskutieren

▶ S. 5

1 *Mögliche Rechte und Pflichten:*
Wahlrecht, Führerschein, volle Geschäftsfähigkeit, finanzielle Unabhängigkeit usw.

2 Hier sind individuelle Lösungen zu erwarten, so könnten etwa folgende Aspekte genannt werden: Unabhängigkeit von den Eltern, Freunden und Vorgesetzten, Aufenthaltbestimmungsrecht usw.

3
- *Rousseau:* Hervorheben der Freiheit, etwas nicht zu tun; passiver Widerstand; es fragt sich allerdings, ob es nicht genug Repressalien gibt, um auch diese Freiheit einzuschränken
- *Chamfort:* ähnliche Richtung wie Rousseau; die Herrschaft der anderen kann durch Verweigerung eingegrenzt werden; kann im Alltag z. B. eine Zwangsehe verhindern
- *Schiller:* Idee der politischen Freiheit verschoben in den ideellen Bereich; wahre Freiheit könne der Mensch nur in sich selbst, in seinem Herzen, seinen Träumen finden und in dem Schönen
- *Ebner-Eschenbach:* Freiheit als Gegensatz zur Gefühlswelt; starke Gefühle (Liebe/Hass) beherrschen den Willen des Menschen so, dass er sich unfrei fühlt in seinen Entscheidungen

4 *Mögliche Lösungen:*
- Mündigkeit als Freiheit, eigene Entscheidungen zu treffen (z. B. heiraten ohne Erlaubnis der Eltern): In diesem Sinne ist Emilia unfrei, sie soll Appiani heiraten.
- Mündigkeit = Wahlrecht, politische Freiheit: In diesem Sinne ist Emilia unfrei, allerdings wehrt sie sich dagegen (Freitod als Protest gegen Unfreiheit).

Der erste Aufzug – Die Exposition untersuchen

▶ S. 6

1

	Informationen	Aufzug, Auftritt	mögliche Funktion im weiteren Dramenverlauf
Schauplatz	▪ Guastalla, unbekannter Ort in Italien ▪ Kabinett des Prinzen mit Tisch voller Akten	I.1	Das Kabinett zeigt den Prinzen in seiner Rolle als Beamter, später zeigt er sich als willkürlicher Herrscher.
Handlungszeit	▪ historisch nicht klar verortet ▪ schöner Morgen	I.1	der Morgen als Symbol des Aufbruchs
Hauptfiguren	▪ Hettore Gonzaga (Prinz) ▪ Emilia Galotti	I.1	▪ Der Prinz tritt persönlich auf, ist umgeben von Repräsentanten seines Hofstaats. ▪ Emilias erster Auftritt erfolgt erst in II.6, dies zeigt die marginale Rolle des bürgerlichen Mädchens in der absolutistischen Gesellschaft.
zentraler Konflikt	Der Prinz ist in Emilia verliebt, doch Emilia wird einen anderen heiraten. Der Prinz bittet Marinelli, diese Hochzeit zu verhindern.	I.1–I.6	Dieser Konflikt führt im Verlauf des Dramas dazu, dass Appiani und Emilia sterben.

Ein Überblick – Szenenprotokolle erstellen und nutzen

▶ S. 7

1 und 2 Im Folgenden findet sich ein Lösungsvorschlag, der für die einzelnen Aufzüge jeweils einen Handlungsschwerpunkt beschreibt, der als Grundlage für die Erarbeitung der Standbilder dienen kann.

Aufzug/ Auftritt	Figuren	Handlung (knapp)	Schauplatz	mögliche Themen, Fragen oder Problemstellungen
I.1	Prinz, Kammer diener	Prinz arbeitet an Bittschriften, gewährt die einer Emilia Bruneschi aufgrund ihres Vornamens; Diener bringt Brief von Gräfin Orsina und kündigt den Maler Conti an	Kabinett des Prinzen	▪ Wie ist das Verhältnis des Prinzen zu Emilia Galotti? ▪ Wie ist das Verhältnis des Prinzen zur Gräfin Orsina? ▪ Umgang mit der Macht: willkürliche Entscheidungen
II.2	Claudia, Pirro	Odoardos Ankommen wird angekündigt.	Saal im Hause der Galottis	▪ Wie ist das Verhältnis zwischen Claudia und Odoardo? ▪ bürgerliche Lebensverhältnisse
III.5	Prinz, Emilia, Marinelli	Der Prinz und Emilia treffen aufeinander. Emilia sorgt sich um ihre Familie, der Prinz um das Ansehen, das er bei Emilia genießt.	Vorsaal im Lustschloss des Prinzen	▪ Kontrast der Gefühlslage beider ▪ Macht des Prinzen über die verzweifelte Emilia ▪ Rolle Marinellis
IV.3	Gräfin Orsina, Marinelli	Die Gräfin kommt an, glaubt sich mit dem Prinzen verabredet, erkennt, dass er aus anderen Gründen dort ist, und schwört Rache.	Vorsaal im Lustschloss des Prinzen	▪ Rolle der adeligen Frau ▪ Rolle der Konkubinen ▪ Rolle der Frau in der Aufklärung ▪ Eifersucht und Rachegelüste
V.4	Odoardo	Nach dem Gespräch mit Marinelli versucht Odoardo sich zu beruhigen, um einen vernünftigen Plan entwickeln zu können.	Vorsaal im Lustschloss des Prinzen	▪ Verhältnis von Verstand und Gefühl für Entscheidungen ▪ Rolle des Vaters in der bürgerlichen Familie ▪ Verhältnis Bürgertum – Hof

3 *Mögliche Fragen:* Was für eine Art Herrscher ist der Prinz? Welche Stellung haben die Frauenfiguren? Wieso lebt Odoardo nicht bei seiner Familie in der Stadt? Hätte der Prinz absehen können, dass Marinelli ein solch grausames Spiel mit den Galottis inszeniert? Warum will Emilia am Ende sterben? Wieso bringt Odoardo seine eigene Tochter um?

Fragen zum Drama – Wissen prüfen

▶ S. 8

1 a Conti ist der Maler des Prinzen, er bringt ihm Porträts von der Gräfin Orsina und Emilia Galotti.
b Emilia Bruneschi ist eine Bittstellerin, deren Bitte der Prinz erfüllt, weil er sich durch den Vornamen an Emilia Galotti erinnert fühlt, in die er verliebt ist.
c Er hat sie bei einer Abendgesellschaft mit ihrer Mutter getroffen.
d Emilia und ihre Eltern, Claudia und Odoardo, bilden den engeren Kreis der Familie, Pirro gehört als Angestellter mit zum Haushalt.
e Odoardo lebt auf dem Landgut; Claudia lebt mit Emilia in der Stadt in der Nähe des Hofes.
f Camillo Rota wundert sich darüber, dass der Prinz gern ein Todesurteil unterschreiben will.
g Angelo ist ein Mörder, auf dessen Kopf eine Belohnung ausgesetzt wurde. Pirro hat ihm dabei geholfen, jemanden in eine Falle zu locken.
h Odoardo gefällt der Graf, auch weil er vorhat, mit Emilia weitab vom Hofe auf dem Land zu leben und sich selbst zu verwirklichen, statt in der Stadt dem Prinzen zu dienen.
i Emilia scheint traurig zu sein. Es deutet sich an, dass ihr Herz eher für den Prinzen schlägt.
j Marinelli – auf den Wunsch des Prinzen, die Hochzeit zu verhindern.
k Der Prinz möchte verhindern, dass er Emilia heiratet.
l In dem Brief steht, dass Gräfin Orsina in des Prinzen Lustschloss Dosalo auf ihn warten will.
m Emilia bittet, als sich eine Flucht als unmöglich erweist, um seinen Dolch, um sich damit das Leben zu nehmen, doch er gibt ihn ihr nicht. Sie bittet ihn, sie zu töten. Dieser Bitte kommt er nach.

Innere und äußere Abhängigkeiten – Die Figurenkonstellation erarbeiten

▶ S. 9

1 *Reihenfolge:* die Galottis, der Prinz, die Hofbeamten, Graf Appiani, Gräfin Orsina, am Ende die Bedienten. So wird offenbar die Bedeutung der Figuren im Stück hervorgehoben. Dass ein bürgerliches Mädchen zuerst angeführt wird, zeigt dessen Bedeutung für das Stück und die Bedeutung des Bürgertums für die damalige Gesellschaft.

2 *Andere Ordnungsprinzipien könnten sein:*
- *der gesellschaftliche Rang der Figuren:* Dabei würde dann deutlich, dass Emilia in der hierarchisch strukturierten Gesellschaft keineswegs ganz oben stand.
- *alphabetische Reihenfolge oder Figuren in der Reihenfolge ihres Auftritts im Stück:* So würden die Figuren weder nach Rang und Stand noch nach der Bedeutung für das Stück, sondern mehr oder weniger willkürlich geordnet. Das könnte z. B. Chancengleichheit symbolisieren.

3 Hier sollen das Beziehungsgeflecht, in das die Adeligen und Bürgerlichen um Emilia verstrickt sind, sowie die familiären Beziehungen veranschaulicht werden: Odoardo als Familienoberhaupt, Claudia als in gewisser Weise emanzipierte Mutter, Emilia als dem Vater untergebene Tochter, Marinelli als intrigierender Diener, die Gräfin als enttäuschte Geliebte, die Odoardo instrumentalisiert, usw.

Emilia Galotti – Die Titelfigur charakterisieren

▶ S. 10

1 *Mögliche Lösung:*

Emilia Galotti			
Art der Charakterisierung	**Textbeleg/Zitat**	**Emilias Eigenschaften**	**Bewertung**
Regieanweisung	*„stürzt in einer ängstlichen Verwirrung herein"* (II.6)	ängstlich, wenig klar	Ist dies immer so oder nur in dieser Situation?
Beschreibung durch den Prinzen	Prinz: „Dieses Auge voll Liebreiz und Bescheidenheit! Dieser Mund! und wenn er sich zum Reden öffnet! wenn er lächelt! Dieser Mund!" (I.5)	schön, bescheiden und liebevoll	Der Prinz ist verliebt und deshalb nicht objektiv. Diese Beschreibung durch andere Figuren prüfen!
Beschreibung durch Conti	„Dieser Kopf, dieses Antlitz, diese Stirn, diese Augen, diese Nase, dieser Mund, dieses Kinn, dieser Hals, diese Brust, dieser Wuchs, dieser ganze Bau [...]." (I.4)	schön, bewundernswert	Der Maler sieht in ihr das Modell und verherrlicht sie als solches.
Beschreibung durch Marinelli	„Ein Mädchen ohne Vermögen und ohne Rang [...], aber mit vielem Prunke von Tugend und Gefühl und Witz." (I.6)	arm, unbedeutend, tugendhaft, klug	Marinelli sieht sie als nicht standesgemäße Braut von Appiani und will sie abwerten.
Selbstcharakterisierung durch Emilia	„Sie wissen, meine Mutter, wie gern ich Ihren bessern Einsichten mich in allem unterwerfe." (II.6)	brav, folgsam, treu den Eltern ergeben	Emilia möchte ein braves Mädchen sein, auch wenn es ihr gerade schwerfällt.
Emilias Handlungen	Sie lässt sich vom Prinzen verwirren (vgl. II.6). Sie will dennoch den Grafen heiraten (vgl. III.1).	leidenschaftlich folgsam, tugendhaft	Ihre Tugend wird auf die Probe gestellt.

Emilias Sprache	Emilia tritt nur in sieben Auftritten auf, in zweien davon hat sie nur einen kurzen Redebeitrag. „Wohl mir! wohl mir! Nun bin ich in Sicherheit." (II.6)	zurückhaltend, unbedeutend, ängstlich, aufgeregt	Marginalisierung der Frau; der Prinz hat sie emotional aufgewühlt

2 ▪ Der Vergleich mit einem Gänschen besagt, dass Emilia nicht sehr klug ist und sich von anderen kommandieren lässt; dafür spräche, dass sie sich den Wünschen der Eltern unterordnet, aber auch denen des Prinzen und durch den Interessenkonflikt in einen Loyalitätskonflikt gerät (vgl. z. B. II.6).
▪ Der Vergleich mit einem Luderchen bedeutet, dass Emilia durchtrieben ist, mit dem Prinzen gern eine Affäre hätte, obwohl sie weiß, dass das nicht statthaft wäre (vgl. V.7).
▪ Für Emilia selbst sind beide Sichtweisen wenig schmeichelhaft, sie würde wohl den Loyalitätskonflikt zugeben, aber ob sie die heimliche Leidenschaft zum Prinzen auch zugeben würde, ist fraglich.

Hettore Gonzaga – Verschiedene Rollen untersuchen ▶ S. 11 f.

1 ▪ Der Prinz versucht, den Grafen Appiani als Gesandten nach Massa zu schicken (vgl. I.6 ff.), um ihn davon abzuhalten, Emilia Galotti zu heiraten. → Er missbraucht die Macht für Privatinteressen.
▪ Das von Rota vorgelegte Todesurteil unterschreibt er mit den Worten „recht gern" (I.8). → Der Prinz trifft Entscheidungen gedankenlos.
▪ Der Prinz nähert sich Emilia in der Kirche, obwohl ihr das unangenehm ist (vgl. II.6). → Der Prinz nutzt seine Macht aus und wird der Verantwortung nicht gerecht, die er seinen Untertanen gegenüber hat.

2 Wesentliche Eigenschaften sind uneingeschränkte Macht, auch über viele Adelige; kaum Gegenspieler; kann Willkürherrschaft ausüben; sollte der Vernunft zugänglich sein.
Hettore nutzt seine Macht, herrscht über viele, auch bei Hofe (z. B. Marinelli), hat kaum Gegenspieler, er übt Willkürherrschaft aus (z. B. Bittschriften, Todesurteil), er ist nur in Ansätzen der Vernunft zugänglich.

3

Kurzbeschreibung der Situation	Konflikte, die sich daraus ergeben	Hettores Ideen zur Lösung des Konflikts
Er sieht Emilia Galotti in der Kirche und verliebt sich in sie (vgl. 1. Aufzug).	Emilia ist eine Bürgerliche und keine standesgemäße Braut. Sie soll einen anderen heiraten.	Er will den anderen wegschicken (vgl. I.6).
Er hatte eine Geliebte (Gräfin Orsina) und ist dieser überdrüssig (vgl. I.1).	Gräfin Orsina müsste über die Statusänderung informiert werden, sie könnte dagegen protestieren.	Er wirft ihren Brief einfach weg und will sich damit nicht auseinandersetzen (vgl. I.1).
Emilia soll den Grafen Appiani heiraten (vgl. I.6 ff.).	Emilia steht dem Prinzen nicht zur freien Verfügung.	Er genehmigt Marinelli, alles zu unternehmen, was die Heirat verhindern kann (vgl. I.6).
Emilia weist den Prinzen zurück (vgl. I.6).	Er ist darüber verzweifelt (vgl. III.3).	Er spricht sie trotz widriger Umstände an (vgl. III.3 und III.5).

4 ▪ *Prinz als guter Herrscher:* Er ist sehr gefühlvoll, scheint keine erklärten Feinde zu haben; aber ihm ist seine Verantwortung nicht bewusst, er übt aus Unbedachtheit eine grausame Willkürherrschaft aus.
▪ *Prinz als guter Mensch:* Er liebt Emilia, will ihr nichts Böses; aber er will seine Geliebte „besitzen", denkt nicht darüber nach, was für sie gut wäre; die Gräfin Orsina lässt er bedenkenlos fallen.

Odoardo und Claudia – Positionen historisch einordnen ▶ S. 13 f.

1 ▪ Odoardo wünscht sich für Emilia: Leben an der Seite Appianis auf dem Land, Unabhängigkeit von den Machtansprüchen und Intrigen des Hofes, Selbstverantwortung
▪ Claudia wünscht sich für Emilia: Leben in der Stadt, Bildung, gute Gesellschaft, Abwechslung, einen Mann, der Ansehen hat, der sie leidenschaftlich liebt und mit dem sie glücklich wird

2 Claudia und Odoardo haben sich für unterschiedliche Lebensmodelle entschieden (Stadt/Land). Odoardo wünscht sich Unabhängigkeit vom Hof, Claudia wünscht sich Einvernehmen mit dem Hof. Claudia denkt, dass sie Emilia besser kennt, weil sie bei ihr lebt, Odoardo glaubt, dass er aus der Distanz die besseren Entscheidungen treffen kann. Er schätzt Appiani und verachtet den Prinzen – anders als Claudia.

4
- *Odoardo:* Abgrenzung vom Adel, Kritik am Adel (vgl. S. 25 f.); Eskapismus durch Rückzug auf sein Landgut in Sabionetta (vgl. S. 16, S. 25)
- *Claudia:* Selbstaufwertung durch Imitation des Adels (vgl. S. 25 f.)

„Emilia Galotti" – Die Struktur des Dramas erarbeiten ▶ S. 15

1
- *Exposition:* Der Prinz und seine Welt werden direkt vorgestellt, Emilia und ihre Welt werden indirekt eingeführt, der zentrale Konflikt wird deutlich (Prinz liebt Emilia, aber sie soll den Grafen heiraten).
- *steigende Handlung:* Emilias Welt wird vorgestellt (eher Teil der Exposition); Emilia ist durch die Begegnung mit dem Prinzen berührt und verunsichert, was ihre Verlobung angeht; Position ihrer Eltern
- *Peripetie:* Überfall auf die Kutsche
- *fallende Handlung mit retardierendem Moment:* Nach dem Überfall versammeln sich alle im Lustschloss des Prinzen, die Gräfin Orsina tritt überraschend auf, sie informiert Odoardo über den Tod Appianis.
- *Katastrophe:* Emilia stirbt – aber für sie ist das ein moralischer Sieg.

2
- *Ort:* wird jeweils für einen Aufzug eingehalten, allerdings spielen die ersten beiden Aufzüge an unterschiedlichen Orten (Schloss des Prinzen; Haus der Galottis; Vorsaal auf dem Lustschloss)
- *Zeit:* wird eingehalten, das Geschehen umfasst nicht mehr als 24 Stunden
- *Handlung:* wird eingehalten, keine Nebenhandlungen

3 Der Spannungsaufbau ist weitgehend am aristotelischen Drama orientiert, allerdings nicht streng, um die Figuren psychologisch überzeugend darzustellen, ihnen Raum zu geben; deshalb wird auch die Einheit des Ortes gebrochen. Die Figuren werden zunächst jede in ihrer Welt dargestellt, bevor sie an einem dritten Ort aufeinandertreffen: Kontrastierung der Welten von Adel und Bürgertum; symbolische Orte.

Am Hof und fernab davon – Schauplätze analysieren ▶ S. 16

1 Es geht nicht um die Darstellung einer historischen Situation; es ist weniger gefährlich, die Herrschaftssituation eines fiktionalisierten Ortes als des eigenen Landes zu kritisieren; als Künstler war Lessing auf die Gunst des Hofes angewiesen.

2

Aufzug	Schauplatz	Figuren, die dort „zu Hause" sind	Wirkung des Schauplatzes
I	Kabinett des Prinzen	der Prinz, Marinelli, Camillo Rota, Conti, Kammerdiener, der ganze Hofstaat	Verwaltungsraum und Empfangszimmer, wirkt nüchtern, Prinz tritt hier offiziell, als Arbeitender, nicht als Privatmann, auf
II	Saal im Haus der Galottis	Emilia, Claudia, im weiteren Sinne auch Odoardo, Pirro	Haus wohlhabender Bürger; Kontrast zum Kabinett des Prinzen, Privatraum
III	ein Vorsaal im Lustschloss des Prinzen	Prinz, Marinelli, auch die Gräfin Orsina scheint hier vertraut zu sein	„Lustschloss", d. h. Ort, an dem der Prinz seine Geliebten trifft; hier zunächst der Ort, an den er Emilia bringt, um sie zu „retten"
IV	ein Vorsaal im Lustschloss des Prinzen	Prinz, Marinelli, auch die Gräfin Orsina	Gräfin Orsina als ehemalige Geliebte, möglicher Konflikt zwischen der ehemaligen und der künftigen Geliebten
V	ein Vorsaal im Lustschloss des Prinzen	Prinz, Marinelli, Gräfin Orsina	das „Lustschloss" wird zum Sterbebett Emilias, die den Tod als einzigen Ausweg sieht, sich dem Prinzen zu entziehen (Tugend vs. Lust)

3 Saal der Galottis als Symbol für die Würde des Bürgertums, für dessen Eigenständigkeit und erstarkende Macht; Lustschloss als Symbol für das Mätressenwesen

4 Die Trauung soll auf dem Landgut stattfinden; da die Heirat als tugendhafte Alternative zum Konkubinat gesehen wird, wird damit Sabionetta zum Symbol für Tugend. Die Stadt wird als Ort angesehen, an dem Emilia Bildung erfahren und in die vornehme Gesellschaft eingeführt werden kann (vgl. S. 25), während Odoardo sie als Hort von Unaufrichtigkeit wahrnimmt (vgl. S. 25).

Die bürgerliche Familie – Realität und Fiktion vergleichen ▶ S. 17

1 Die Zahl der Personen einer Familie ist höher als eins und darf nicht zu hoch sein, da die Gemeinschaft sonst als Kommune bezeichnet wird. Außer der Ehe konnte die Familie auch die Eltern-Kind-Beziehung und das Herrschaftsverhältnis umfassen, d. h., Angestellte gehörten auch dazu. Die Konkubine gehört nicht zur Familie. Die Familie bleibt nach dem Tod eines Ehepartners bestehen. Der Hausvater ist die Hauptperson, er muss Vermögen und Klugheit besitzen, die Familie ernähren. Die Hausmutter verwaltet das Hauswesen.

2 Hausvater (Odoardo), Hausmutter (Claudia), Kind (Emilia), Angestellter (Pirro). Ungewöhnlich ist, dass sie nicht in einem Haushalt leben. Dadurch gewinnt Claudia mehr Macht über den Haushalt, da sie dem Stadthaushalt vorsteht. Finanziell verantwortlich ist vermutlich Odoardo, dies wird aber nicht explizit erwähnt. Claudia leistet sich innerlich etwas Unabhängigkeit, ist froh, dass Odoardo nichts von der Begegnung Emilias mit dem Prinzen mitbekommen hat. Als Odoardo entscheidet, dass Emilia nach Sabionetta kommen soll, kann Claudia ihm nichts entgegensetzen, weil sie ihm untergeordnet ist (vgl. S. 73).

3 Odoardo fühlt sich verantwortlich für seine Tochter. Ihm ist klar, welch rechtlose Position sie als Konkubine hätte. Er will ihr diese Entehrung ersparen. Solange sie nicht rechtmäßig verheiratet ist, ist er unterhaltspflichtig (wirtschaftliches Interesse an einer ordnungsgemäßen Ehe Emilias). Auf dem Foto wirkt er verzweifelt, wobei die Art, wie er seine Tochter umfasst, fast wie ein Übergriff erscheint.

Eine Spurensuche – Emilias Tod näher untersuchen ▶ S. 18

1 Richtig sind die letzten drei Antworten. Die Angst davor, unehelich schwanger zu werden, wird aber nicht explizit im Text benannt.

2 Emilia will sich selbst töten, um sich vor der Schande zu bewahren und selbst über ihr Schicksal zu bestimmen. Der Vater versteht ihren Wunsch nach Selbstbestimmung und nach Verweigerung dem Prinzen gegenüber. Aber er will nicht, dass sie durch einen Suizid schuldig wird, und tötet sie selbst.

3
- *Verdrängung:* Inhalte verschwinden aus dem Bewusstsein oder sind nie ins Bewusstsein vorgedrungen, der Betroffene erinnert sich nicht.
- *Verleugnung:* Inhalte werden erst bewusst wahrgenommen und dann bestritten; dies hilft, mit Widersprüchen zu leben, die man nicht verdrängen kann.

Emilia scheint ihre Gefühle dem Prinzen gegenüber eher zu verleugnen als zu verdrängen, denn sie ist sich durchaus bewusst über ihre Verführbarkeit (vgl. S. 85). Aber sie weiß, dass es nicht statthaft wäre, diesem Bedürfnis nachzugeben. Deshalb weist sie den Prinzen zunächst zurück (vgl. S. 29), merkt dann aber nach dem Tod von Appiani, dass sie schwach wird (vgl. III.5).

4 Emilia hat Angst, den Verführungskünsten des Prinzen nicht widerstehen zu können (vgl. V.7 f.), und lässt daher die Gefühle für den Prinzen nicht zu. Womöglich befürchtet sie, ähnlich wie die Gräfin Orsina später wieder verlassen zu werden oder ein Leben als Konkubine führen zu müssen. Dies zeigt Angst vor Nähe. Der Entschluss zum Selbstmord ist allerdings absolut destruktiv und kann nicht als vernünftige, wohlüberlegte Handlung gewertet werden. Nicht nur aus heutiger Sicht stellt sich die Frage, ob nicht sogar das ehrlose Leben als Konkubine besser gewesen wäre als der frühe Tod.

Höfische und bürgerliche Welt – Gesellschaftskritik erkennen

▶ S. 19 f.

1 Adelige als Kunstmäzene, die sich aber mehr für das nackte Modell als für Kunst interessieren, als lüsterne ältere Männer, als „Kenner" des anderen Geschlechts.

Textbezüge: der Prinz als Kunstmäzen (vgl. I.2) ohne Interesse an der künstlerischen Gestaltung der Darstellung (vgl. I.2–I.5), als Kenner des anderen Geschlechts (die Gräfin Orsina als Geliebte)

2
- *Bürgertum:* fordert die Gesetze der Vernunft ein, Kritik am Adel, fordert Gleichheit, erkennt, dass das Geburtsrecht des Adels sich nicht mit der Idee einer guten Regierung verbinden lässt; neue Tugenden wie Sittenstrenge, Individualismus, Emotionalismus; alte Tugenden wie Einfachheit, Frömmigkeit
- *Adel:* an der Spitze der Gesellschaft, sieht sich als von Natur aus höhere Menschenrasse, nimmt seine politischen Privilegien als Basis für eine gute Gesellschaft wahr, Erbadel ist durch unstandesgemäße Ehen bedroht; Laster wie Frivolität, Verschwendung, Leichtsinn, Unmoral

3

Figur	höfische Welt	bürgerliche Welt	Verhalten der Figuren
Prinz	x		Leichtsinn, fehlende Moral, fehlende Professionalität; aber: durchaus emotional
Emilia		x	sittenstreng, redlich, fromm; aber auch: leichtsinnig, bewundert den Adel an der Spitze der Gesellschaft, wäre gern unmoralischer
Odoardo		x	sittenstreng, redlich, fromm, individualistisch, intellektuell, fordert mehr Gleichheit, übt Adelskritik
Claudia		x	sittenstreng, fromm, einfach, individualistisch, emotional, fordert das Gesetz der Vernunft ein; möchte aber auch wie der Adel an der Spitze der Gesellschaft stehen, ist leichtsinnig
Graf Appiani	x		hat mehr vom Bürgertum als vom Adel: sittenstreng, fromm, redlich, individualistisch, intellektuell, kritisiert den Adel, scheut die Mesalliance mit Emilia nicht
Marinelli	x		unmoralisch und frivol, überzeugt vom natürlichen Vorrecht des Adels, sieht sich an der Spitze der Gesellschaft

4
- *Prinz und Graf Appiani:* Der Prinz hat die höhere gesellschaftliche Position, diese würde aber Emilia nicht zugutekommen; ist emotional an Emilia interessiert, nimmt aber ihre Bedürfnisse nach Frömmigkeit und Sicherheit nicht wahr; könnte ihr Luxus und ein aufregendes Stadtleben bieten, aber keine konstante Beziehung. Graf Appiani erscheint weniger leidenschaftlich, bietet eine auf Dauer angelegte Beziehung, hat genügend Geld, um Emilia zu versorgen; will auf dem Land leben.
- *Marinelli und Odoardo:* Marinelli hat die Intrige eingefädelt und den Tod des Grafen zu verantworten; der spielt Emilia in die Hände des Prinzen, klagt sie der Mitschuld an dem Überfall an und macht deutlich, dass sie dem Prinzen nicht entkommen kann. Odoardo führt den Tötungsakt aus; er sieht Kerker und Tod als weniger schlimm an für seine Tochter als ein Leben als Konkubine des Prinzen; er setzt sie moralisch unter Druck und erklärt, dass sie an der Seite des Prinzen die Achtung des Vaters verlieren würde.

5
- *Kritik am Adel:* Emilias Tod als Konsequenz einer Hofintrige; Odoardos Adelskritik und seinen Rückzug nach Sabionetta; Appianis Adelskritik durch den geplanten Rückzug in die väterlichen Täler; die Unmöglichkeit einer Heirat von Emilia und dem Prinzen; die Darstellung der Willkürherrschaft des Prinzen. Aber: Graf Appiani wird als aufgeklärter Adeliger geschildert; der Prinz scheint echte Gefühle für Emilia zu haben und ist kein bösartiger Monarch, sondern eher naiv. Gräfin Orsina wird als intellektuelle, emanzipierte Frau dargestellt, deren Handeln trotz der Unmoral psychologisch nachvollziehbar ist.

- *Kritik am Bürgertum:* Die überzogene Moralvorstellung lässt Emilia keinen Raum für Leidenschaft, die Vernunftorientierung scheint jegliches vitale Gefühl zu vernichten. Der Eskapismus Odoardos und Appianis ist nachvollziehbar, aber keine Lösung des Machtkonflikts. Claudia, die Emilia in die feine Stadtgesellschaft einführen will, trägt genau dadurch zum Unglück bei. Dennoch werden die Werte des aufgeklärten, vernunftorientierten Bürgertums an sich in dem Stück nicht in Frage gestellt, im Gegenteil, die Adeligen, die sich an diesen Werten ebenfalls orientieren, wirken positiv.

Die Rolle der Frau – Analysieren und gestaltend interpretieren ▶ S. 21 f.

1
- *Georg Schmidt schildert eher die Abhängigkeiten der Frauen im 18. Jahrhundert trotz aller Fortschritte:* rechtliche Abhängigkeit vom Hausvater, aber nicht rechtlos (z. B. in Bezug auf Besitz); Glaubensfreiheit, öffentlicher Raum bleibt versperrt, verminderte Straffähigkeit, nur Berufe wie Hebamme oder Erzieherin, schlechte Position als unverheiratete Frau, Bettlerinnen/Prostituierte nahezu rechtlos
- *Simone de Beauvoir schildert eher die Fortschritte in Bezug auf Unabhängigkeit und Macht der Frauen:* Unabhängigkeit der Frauen nimmt zu, Adel und aufstrebendes Bürgertum haben größere Freiheiten; Frauen nutzen die Freiheit allerdings vor allem, um sich zu amüsieren; Frauen als Musen und Gönnerinnen (Salonleben), sie haben indirekt auch Einfluss auf das politische Leben über die Beeinflussung ihrer Ehemänner.

Erklärungsansätze für die Unterschiede: Die Frauenbewegung in Frankreich könnte in dieser Zeit der Entwicklung in Deutschland etwas voraus gewesen sein. Simone de Beauvoir könnte auch die Fortschritte deshalb mehr hervorheben, weil sie mit ihrem Buch den Frauen Mut machen will, sich weiter für ihre Rechte einzusetzen, während es dem Historiker Schmidt möglicherweise eher darum ging, die Missstände damals als historische Realität zu schildern.

Mögliche Forderungen: Gleichberechtigung mit dem Mann, in der Familie und vor dem Gesetz, aktive Beteiligung am politischen Geschehen; freie Berufs- und Partnerwahl; bessere Stellung alleinstehender Frauen; bessere Bildungschancen; gleiche Rechte für alle Frauen, unabhängig von Stand und Beruf

2
- *Emilia:* Als Bürgertochter ist sie dem Vater zu Gehorsam verpflichtet, er hat für sie einen Ehemann gewählt, dem Emilia dann unterstellt wäre. Ein Leben ohne Ehemann könnte sie nicht finanzieren; sie fürchtet eine schlechte gesellschaftliche Stellung als Konkubine des Prinzen; sie leistet sich ein Stück Individualismus, indem sie sich dem Prinzen durch den selbst gewählten Tod verweigert.
- *Claudia:* Sie ist Odoardo zu Gehorsam verpflichtet (vgl. z. B. IV.8), hat aber einige Freiheiten, die sich etwa darin ausdrücken, dass sie allein mit Emilia in der Stadt lebt. In diesem Sinne gehören die Galottis zum aufstrebenden Bürgertum. Eine Machtstellung hat sie weder im politischen noch im familiären Bereich.
- *Gräfin Orsina:* Sie hat als Adelige offenbar mehr Freiheiten sowohl in der Partnerwahl als auch in der gedanklichen Unabhängigkeit. Sie sieht sich als Philosophin (vgl. IV.3). Ihre Interessen versucht sie mit aller Macht durchzusetzen, benutzt dabei auch Odoardo und seinen Zorn auf den Prinzen (vgl. IV.7).

Das Frauenbild, das Lessing vermittelt, ist breit gefächert: Er zeigt eine adelige und zwei bürgerliche Frauen, die sich jeweils auf eigene Weise mit ihrer – allerdings auch unterschiedlichen – gesellschaftlich determinierten Rolle auseinandersetzen. Orsina hat in ihrer Position mehr Freiheiten, die sie aber nur bedingt nutzt. Emilia hat wenig Freiheit, nutzt diese aber gewissermaßen, wenn auch sehr destruktiv. Auch Claudia leistet eine gewisse Form von Widerstand gegenüber ihrem Mann, wenn auch eher verhalten. Lessing zeichnet Frauen, die alle ein eigenes Profil haben, mit ihrer Situation klug umgehen und zu unterschiedlichen Ergebnissen auf der Handlungsebene kommen. Alle Frauen zeigen neben Verstand auch Gefühl und Leidenschaft: Orsina offen, Emilia unterdrückt, Claudia im Ansatz.

3 *Mögliche Markierungen:*
„florierte an fast allen deutschen Höfen“ (Z. 1); „offiziell sanktioniert“ (Z. 2), „ungeregeltes Liebesverhältnis mit einem Großen für eine Person nichts Entehrendes“ (Z. 9 f.)

4
- *Emilias innerer Monolog:* Emilia ist womöglich nicht die einzige Geliebte, sie hat möglicherweise Angst vor einer Schwangerschaft, sie reflektiert das Leben bei Hofe, sieht keine Aussicht auf Heirat. Die Gefühle sollten zum Ausdruck kommen und die Gedanken dem Charakter entsprechen, den Emilia im Stück zeigt (vgl. Lösungen zu dem AB *Emilia Galotti – Die Titelfigur charakterisieren*, S. 10).

- *Orsinas Brief:* Einhalten der Briefform; Inhalt des Briefs: Orsina will den Prinzen treffen. Ahnt sie, dass der Prinz sie verlassen will? Weiß sie von der Begegnung mit Emilia? Was denkt sie über die arrangierte Ehe des Prinzen mit der Prinzessin von Massa (vgl. S. 13)?
- *innerer Monolog des Prinzen:* Was denkt er über die Gräfin Orsina (vgl. seine Äußerungen im ersten Aufzug)? Wie schätzt er seine Verpflichtung ihr gegenüber ein? Fürchtet er eine Auseinandersetzung? Was denkt er über Emilia? Die Gedanken und Gefühle sollten daran anknüpfen, was über den Charakter des Prinzen im Drama deutlich wird (vgl. Lösungen zu dem AB *Hettore Gonzaga – Verschiedene Rollen untersuchen*, S. 11 f.).

Leidenschaft, Vernunft und Moral – Eine Interpretation diskutieren ▶ S. 23 f.

1
- Emilia Galotti steht für das bürgerliche Mädchen im Allgemeinen.
- Die Frage bleibt, ob die Konfliktlösung am Ende (Tod der Tochter durch den Vater) wirklich der einzige denkbare Ausweg war.

2 *Lessings Katharsis-Begriff:* Ähnlichkeit zwischen tragischem Helden und Zuschauer; Furcht des Zuschauers vor einem ähnlichen Übel; Furcht des Zuschauers, selbst bemitleidenswert zu werden; Zuschauer soll von den in ihm erregten Leidenschaften gereinigt werden; während der Tragödie soll er Mitleid empfinden; nach der Tragödie Furcht davor, dass einen selbst ein solches Übel treffen könnte; Leidenschaften sollen in tugendhafte Fertigkeiten gewandelt werden.

Zunächst wird eine gefühlsbezogene Reaktion erwartet, die dann aber über die Vernunft und eine gefühlte Angst vor einem ähnlichen Schicksal in vernünftige „tugendhafte Fertigkeiten“ gewandelt werden. Es wird also eine Mischung aus Gefühls- und Verstandesreaktion erwartet.

3 Emilia erfüllt die Kriterien einer tragischen Heldin (Ähnlichkeit zum bürgerlichen Theaterpublikum). Das Mitleid des Zuschauers wird erregt (verzweifelte Lage, Tod am Ende). Die Furcht vor einem ähnlichen Übel liegt dann wiederum eher in der Gesellschaftsstruktur: Die meisten Mädchen in einer vergleichbaren Situation bräuchten heute ein solches Übel nicht zu befürchten – außer vielleicht muslimische Mädchen, denen ein so genannter Ehrenmord drohen könnte.

4
- *Vernunft und Gefühl:* Die Reaktionen der Figuren werden zwar vom Gefühl und nicht von der Vernunft gesteuert, haben aber dennoch eine moralische Komponente.
- *Handlungsmotive:* Odoardo (Rache/Gerechtigkeit), Orsina (Liebe/Eifersucht),
  Prinz (Leidenschaft/Gefühle für Emilia), Emilia (Selbstbestimmung/Fremdbestimmung;
  sexuelles Begehren/Befolgen des Tugendideals)
- *Emilias Problem:* Vernunft und Sinnlichkeit in ein ausgewogenes Verhältnis zu bringen
- *Erziehung:* Odoardo habe Emilia nicht genügend Selbstbewusstsein vermittelt, so dass sie dem männlichen Begehren nichts entgegensetzen kann.
- *Mögliche Botschaften:* Scheitern der Aufklärung an der menschlichen Natur, destruktive Kräfte des Menschen sind stärker als die Leidenschaft zum Guten, Vergeblichkeit von Tugendidealen, Zusammenhang von Tugend und Emotionalität/Leidenschaft, Zuschauer soll mitleidig auf die Figuren schauen, die guten Absichten ihres „verworrenen Strebens“ erkennen.

5 *Mögliche Thesen:*
- Die Protagonisten gehorchen nicht ihrer Vernunft.
- Die Affekte, die die Handlungen der Figuren steuern, sind mit moralischen Empfindungen gemischt.
- Die Gefühle des Prinzen für Emilia machen ihn „besser“.
- Nicht das Tugendideal steht zur Debatte, sondern Emilias Selbstwahrnehmung.
- Verantwortlich ist der Vater zu machen.
- Die Tragödie impliziert den Appell, Vernunft und Sinnlichkeit zu integrieren.
- Im Mitleid ist die Existenz der Figuren bejaht.
- Lessing zeigt in „Emilia Galotti“, wie die „Aufklärung“ an der menschlichen Natur scheitert.
- Die Welt ist auf eine mitleidige Optik angewiesen.

Die Sprache der Empfindsamkeit – Sprachliche Mittel untersuchen ▶ S. 25

1 *Sprachliche Mittel:*
- Abbruch eines Gedankens: „Wenn sie aus Liebe närrisch wird, so wäre sie es, früher oder später, auch ohne Liebe geworden – Und nun, genug von ihr!“ (S. 13 f.)
- Ellipse: „Wie Marinelli? eine gewisse –“ (S. 15)
- Gedankensprünge: „Sie irren sich in dem Namen. – Das Geschlecht der Galotti ist groß. – Eine Galotti kann es sein: aber nicht Emilia Galotti; nicht Emilia!“ (S. 15)
- Fragenakkumulation: „Emilia Galotti? Die Tochter des Obersten Galotti, bei Sabionetta? [...] Die hier in Guastalla bei ihrer Mutter wohnet? [...] Unfern der Kirche Allerheiligen? [...] Diese? Diese Emilia Galotti?“ (S. 15)
- Anapher: „So bin ich verloren! – So will ich nicht leben!“ (S. 16)
- Correctio: „O ein Fürst hat keinen Freund! kann keinen Freund haben!“ (S. 16)

Außersprachliche Mittel:
„Stillschweigen“ (S. 12), *„Indem er nach dem Porträte springt und es dem Marinelli in die Hand gibt“* (S. 15), *„Hier reißt der Prinz dem Marinelli das Bild wieder aus der Hand, und wirft es beiseite“* (S. 15), *„der sich voll Verzweifelung in einen Stuhl wirft“* (S. 16), *„der gegen ihn wieder aufspringt“* (S. 16), *„indem er sich ihm in die Arme wirft“* (S. 16)

Gefühle des Prinzen:
Aufgeregtheit, Verliebtheit/Ungläubigkeit, Bestürzung/Erregtheit, Verletztsein, Verzweiflung/Selbstmitleid/ Wut auf Marinelli

2
- *„stürzet in einer ängstlichen Verwirrung herein“* (S. 27): emotional aufgewühlt
- Wiederholung: „Wohl mir! wohl mir! Nun bin ich in Sicherheit.“ (S. 27): Erleichterung
- Zittern, wild um sich blicken (vgl. Claudias Beschreibung, S. 27): Angst, Erregung
- Fragenakkumulation; Wiederholung: „Was hab ich hören müssen? Und wo, wo hab ich es hören müssen?“ (S. 27): Verwirrung
- Parenthese: „Eben hatt ich mich – weiter von dem Altare, als ich sonst pflege, – denn ich kam zu spät – auf meine Knie gelassen.“ (S. 28): Verwirrung

Gefühle Emilias:
aufgewühlt, erregt, ängstlich, verwirrt

3 *Die Figuren haben eine je unterschiedliche Art zu sprechen:*
- Die Sprache des Prinzen variiert, er zeigt Emotionen, verwendet oft kurze Sätze, formuliert ein wenig frech, z. B.: „Desto schlimmer – besser; wollt ich sagen.“ (S. 6)
- Der Kammerdiener ist höflich-distanziert, spricht formvollendet-förmlich, aber auch in kurzen Sätzen: „Der Maler Conti will die Gnade haben.“ (S. 6)
- Conti wirkt untertänig in seinen Formulierungen: „Das Original ist eine Person, die meine Ehrerbietung fordert. Ich habe nichts Nachteiliges von ihr äußern wollen.“ (S. 8)
- Marinelli formuliert hinterhältig. Er weiß genau, wie er den Prinzen manipulieren kann. Er weiß Neuigkeiten, die den Prinzen sehr betreffen, sagt aber, es sei „[n]ichts von Belang“ (S. 12).

Hinsichtlich der Elaboriertheit unterscheidet sich die Sprache der Adeligen nicht grundsätzlich von der der Bürgerlichen. Letztere haben ebenfalls eine gepflegte, klare Sprache.

Symmetrische oder komplementäre Kommunikation? – Dialoge analysieren ▶ S. 26

1
- *symmetrische Kommunikation:* Beide Gesprächspartner sind in jeglicher Hinsicht ebenbürtig; ihre Kommunikation beruht auf Ähnlichkeit (Spiegelbildlichkeit).
- *komplementäre Kommunikation:* Ein Gesprächspartner übernimmt die überlegene Position, der andere die unterlegene. Eine solche Unterschiedlichkeit kann entweder von außen (gesellschaftlich) bestimmt sein und/oder durch die Persönlichkeit oder die persönliche Beziehung der Gesprächspartner.

Erkennungsmerkmale: Sprechanteile, Emotionalität, Anrede, Handlungsanweisungen, Wissensvorsprung und der Umgang damit, Gestik/Mimik

2 ▪ *Prinz/Marinelli:* Marinelli erzählt von der geplanten Hochzeit. Der Prinz hat Marinelli gerufen, um auszufahren (= Anlass). Marinelli erzählt, dass Emilia heiraten wird (= Wendepunkt). Der Prinz gibt den Auftrag, die Hochzeit zu verhindern (= Ende). Marinelli nennt den Prinzen „Gnädiger Herr", „Prinz". Der Prinz nennt Marinelli beim Nachnamen; beide siezen sich. Der Prinz erzählt von seinen Gefühlen. Die Redebeiträge sind gleich lang. Der Prinz ist Marinelli vom Status her übergeordnet, im Gespräch ist Marinelli durch seinen Wissensvorsprung überlegen. Aufgrund der Anzahl der Redebeiträge und des Umgangs miteinander wirkt die Kommunikation eher symmetrisch; sie ist aber im Wesen komplementär, denn Marinelli hat den Prinzen in der Hand. Es handelt sich hier um den Beginn der Intrige (= Funktion).

▪ *Odoardo/Claudia:* Sie sprechen über die Hochzeit und die erste Begegnung Emilias mit dem Prinzen (= Inhalt). Odoardo verabschiedet sich; Claudia möchte, dass er Appiani davon abbringt, Emilia mit nach Piemont zu nehmen (= Anlass). Sie erzählt, dass der Prinz Gefallen an Emilia gefunden habe (= Wendepunkt). Odoardo geht wutentbrannt (= Ende). Sie sprechen sich mit Vornamen an, duzen sich; Odoardos Redeanteile überwiegen ein wenig, Claudia äußert ihre Position klar und argumentativ einleuchtend. Während Odoardo aufbrausend ist, versucht Claudia, ihn zu beschwichtigen. Odoardo nimmt als Hausvater eine superiore Rolle ein, im Gespräch dominiert er. Allerdings hat Claudia ihre eigene Position und vertritt diese weniger emotional aufbrausend, aber klar. Vom Status der Sprecher her ist das Gespräch symmetrisch, die Emotionen betreffend ist es komplementär. Es werden die Positionen der Eltern hinsichtlich der Hochzeit aufgezeigt (= Funktion).

▪ *Emilia/Claudia:* Emilia berichtet von der Begegnung mit dem Prinzen (= Inhalt). Emilia kommt aufgewühlt nach Hause (= Anlass). Sie will dem Grafen von der Begegnung erzählen (= Wendepunkt). Emilia verspricht der Mutter, nichts zu sagen (= Ende). Die Mutter nennt Emilia beim Vornamen oder „meine Tochter", diese nennt Claudia „meine Mutter". Die Mutter duzt die Tochter, diese siezt die Mutter. Emilia ist zunächst offen, die Mutter hört zu, dann gibt sie direkte Ratschläge; Emilia spricht von ihren Gefühlen, die Mutter nicht. Die Mutter hat eine superiore Rolle und setzt sich mit Autorität durch. Das Gespräch ist komplementär: Mutter – Tochter, Gefühle – keine Gefühle, erst dominiert Emilia, dann Claudia. Hier wird der Konflikt zwischen Emilias Gefühlen und der geplanten Hochzeit mit Appiani deutlich (= Funktion).

▪ *Appiani/Emilia/Claudia:* Man spricht über die bevorstehende Hochzeit (= Inhalt). Appiani will Emilia abholen (= Anlass). Emilia berichtet von einem Traum (= Wendepunkt). Emilia verspricht, sich für die Hochzeit anzukleiden (= Ende). Appiani nennt Emilia „meine Emilia" oder „meine Teuerste", Emilia nennt ihn „Herr Graf". Appiani nennt Claudia „meine gnädige Frau", diese nennt ihn „Herr Graf". Appiani und Emilia siezen sich, Claudia und Appiani ebenso. Appiani hat zunächst lange Gesprächsbeiträge, wird dann stiller. Emilia hat wenige Gesprächsbeiträge, zum Ende hin mehr. Appiani ist von der Stellung her den Frauen überlegen. Emilia übernimmt im Gespräch mehr und mehr Führung, wenn sie von ihrem Traum erzählt. Das Gespräch ist komplementär: Mann – Frauen, Adel – Bürgertum, Vorfreude – Trauer. Der Graf spielt seine superiore Rolle im Gespräch nicht aus; im Gegenteil, Emilia ist es, die Stimmungswechsel im Gespräch einleitet. Hier zeigt sich Emilias Schmerz über die Hochzeit (= Funktion).

Zeitgenössische Rezensionen – Sachtexte vergleichen ▶ S. 27

1

Matthias Claudius	Johann Joachim Eschenburg
▪ gutes Drama ▪ könne aber nicht so gut beurteilen, warum es ihm gefallen hat, wie es ein Künstler könne ▪ gute Überraschungseffekte (z. B. der Schuss in III.1) ▪ Gräfin Orsina überraschend als Frauenfigur mit Geist und Entschlossenheit ▪ nicht nachvollziehbarer Schluss des Stücks	▪ Merkmale des Genies ▪ Zielgerichtetheit der Handlung, logische Abfolge ▪ schlüssige Charaktere ▪ Verhalten Emilias konsequent aufgebaut und ihre Handlungen sind nachvollziehbar ▪ folgerichtiger Schluss des Stücks

Thalheimers „Emilia Galotti" – Eine Inszenierung untersuchen

▶ S. 28

1 Für die Funktionalität einer Exposition wird Sprache nicht unbedingt gebraucht. Ein Schauplatz kann über Requisiten, Bühnenbild und Gestik der Figuren eingeführt werden; die Zeit, zu der das Stück spielt, kann an dem Bühnenbild, Requisiten, Kostümen deutlich werden; der zentrale Konflikt kann durch Gestik, Mimik, Proxemik (= Nähe bzw. Distanz der Figuren zueinander) und Bewegungen ausgedrückt werden; es können alle handelnden Figuren auftreten, eine typische Geste machen und sich so vorstellen.

2 Es wird die Vorgeschichte der Begegnung von Emilia und dem Prinzen in der Kirche (Kerzen, langer Gang, Dunkelheit) pantomimisch erzählt. Dargestellt wird die Verzauberung durch die junge Frau (Lichtregen), ihre starre Haltung zeigt die abweisende Reaktion. Er versucht sie zu berühren, scheint ihren Glanz an seinen Händen zu behalten, ist davon leidenschaftlich erfasst; in dem Moment erscheint Gräfin Orsina, schreitet auf ihn zu, sie sehen sich nicht an, sie gibt ihm einen Brief, den er fallen lässt, dann wegschiebt und zerknüllt, während sie lächelt und geht. Emilia kommt wieder, sie stehen nebeneinander, schauen sich an, er will sie berühren, sie dreht sich um und geht, er bleibt mit leeren Händen zurück.

Der Vorspann erfüllt insofern die Funktion der Exposition, als auf diese Weise der zentrale Konflikt klar und präzise geschildert wird: das Ende der Beziehung zu der Gräfin Orsina und die uneindeutige Reaktion Emilias auf die leidenschaftliche Verzückung des Prinzen.
Die Figuren werden in schlichten Alltagskostümen dargestellt, die die Mode der 1950/60er-Jahre aufgreift. Die Handlung wird mehr oder minder in die Gegenwart versetzt. Die Elemente, die den Schauplatz andeuten, sind ebenfalls sehr minimalistisch und daher zeitlos.
Es werden nur die zentralen Figuren vorgestellt, die Eltern Galotti, der Graf Appiani und der Marchese Marinelli treten noch nicht auf. Das zeigt, dass die Inszenierung sich auf den Konflikt der Beziehung Orsina – Prinz – Emilia konzentriert.

3 Es wurden der Maler Conti, Camillo Rota, Angelo und die Bedienten gestrichen. Diese Figuren repräsentieren verschiedene Untertanen des absolutistischen Prinzen, sie begegnen ihm als Staatsmann. Diese Rolle wird offenbar von Thalheimer in den Hintergrund gerückt, er konzentriert sich auf den Prinzen als Privatmann, es geht ihm um den menschlichen Konflikt, nicht um die implizite Kritik an der Willkürherrschaft absolutistischer Herrscher.

Musik und Rhythmen sind sehr gleichförmig und bestimmen die Bewegungen insbesondere der weiblichen Figuren, die dadurch seltsam starr und leblos wirken, so als ob sie Aufziehpuppen seien. Sie repräsentieren die Macht der gesellschaftlichen Spielregeln über das Handeln der Figuren.

Die Bühne besteht aus einem langen, hölzernen Gang mit einer Tür am Ende und mehreren Türen zur Seite hin. Die unterschiedlichen Schauplätze (Kirche/Kabinett des Prinzen/Haus der Galottis/Lustschloss) werden nicht klar voneinander abgegrenzt, sondern nur angedeutet (z. B. Kirche durch Kerzen). Der Charakter der Schauplätze als austauschbare Symbolorte wird damit unterstrichen. Die Türen sind nur für einige Figuren durchlässig, Gräfin Orsina z. B. findet keinen „Ausweg", dem Prinzen hingegen sind alle Türen offen.

4 Odoardo hat eine Pistole statt eines Dolches. Er sucht nach einer Lösung, kann alle Türen öffnen, findet aber keinen gangbaren Weg. Er ist verzweifelt, hält sich die Pistole selbst an die Schläfe, erwägt den Selbstmord. Emilia kommt im Brautkleid auf ihn zu. Sie strecken die Arme aus, erreichen sich aber nicht. Sie fordert lautstark die Wahrnehmung ihrer sinnlichen Seite von ihm ein. Er geht, lässt ihr die Pistole da. Sie nimmt die Pistole, will aus der Tür gehen, kehrt um. Von allen Seiten kommen schwarz gekleidete Tänzer auf die Bühne und nehmen Emilia mit (Totentanz). Die Pantomime am Ende symbolisiert Emilias Selbstmord.

- *Argumente für diese Variante:* Die Selbstbestimmtheit des Todes von Emilia wird deutlicher. Es erfolgt wenig Kritik an der Gesellschaft des 18. Jahrhunderts, dies macht verständlich, dass die Tötung Emilias durch den Vater gestrichen wurde, denn dies war nur aus der damaligen Haltung zu Selbstmördern erwachsen. Emilias Motivation in dieser Inszenierung ist weniger religiös als psychologisch. In dem Totentanz ist die sinnliche Ebene präsent, die Emilia so einfordert. Dass eine Pistole verwendet wird, entspricht der vorsichtigen Modernisierung der Inszenierung insgesamt.

- *Argumente gegen diese Variante:* fehlende Originaltreue. Es bleibt etwas spekulativ, warum Emilia sich am Ende überhaupt noch umbringt, hätte es nicht in dieser Gesellschaft auch die Möglichkeit einer Bindung zum Prinzen gegeben?

Lessing und das bürgerliche Trauerspiel – Das Drama beurteilen ▶ S. 29

1

bürgerliches Trauerspiel	Lessings „Emilia Galotti“
betont bürgerliche Welt	Familie Galotti zählt zum niederen Adel, orientiert sich aber am Lebenswandel des Bürgertums.
Kampf gegen Unterdrückung durch den Adel	Emilias Tod kann als Verweigerung der Unterdrückung durch die Willkürherrschaft des Prinzen interpretiert werden.
innere Tragik	Die innere Tragik ist, dass Emilia die Leidenschaft zum Prinzen in sich spürt, es dennoch keinen Ausweg zu geben scheint.
Kritik an der bürgerlichen Weltordnung	Auch die Sittenstrenge des Bürgertums ist für den Tod Emilias mitverantwortlich.
Form: Prosa	Form: Prosa
Verwendung bürgerlicher Personen	Die Galottis gehören dem aufstrebenden Bürgertum an, auch Camillo Rota repräsentiert das Bürgertum.
bürgerliche Lebensauffassung	Die so genannten bürgerlichen Werte werden nicht eindeutig dem Bürgertum zugeordnet, Graf Appiani vertritt sie stärker als Claudia Galotti.
Auflehnung des Individuums gegen die Gesellschaftsordnung	Als solche kann der Tod Emilias interpretiert werden.

3 Der Dialog könnte kontroverse Positionen zu folgenden Fragen behandeln: Wird der Adel (genug?) kritisiert? Wird das Bürgertum positiv dargestellt? Werden die Werte, die vermittelt werden (Sittenstrenge, Tod statt moralischem Verfall), geteilt? Ist das Ende wahrscheinlich? Ist es ein Symbol für den Protest oder für den Untergang des Bürgertums?

Vernunft oder Gefühl? – Den Text literaturgeschichtlich einordnen ▶ S. 30

1 *Mögliche Markierungen:*
„Prinzipien der rationalistischen Wissensvermittlung“ (Z. 2 f.), „komplementär“ (Z. 6), „Sturm und Drang“ (Z. 9), „Empfindsamkeit“ (Z. 12), „Vorherrschaft der Vernunft Grenzen zu setzen“ (Z. 13 f.), „Gefühlskultur“ (Z. 25), „Aufklärung ... Verstand des Menschen“ (Z. 31 f.), „Empfindsamkeit ... Herz und Sinne“ (Z. 33); „Aufwertung des Gefühls“ (Z. 35), „rationalistische Aufklärung um wichtige menschliche Dimensionen erweitert“ (Z. 47 f.), „Gefühlsduselei“ (Z. 63 f.)

2
- Die Figuren haben Züge der Empfindsamkeit: die Gefühle des Prinzen als Handlungsmotivation; Emilias (scheinbare) Vernunftentscheidung für die Tugend, gegen die Leidenschaft; Odoardos spontan wirkender Entschluss zum Mord zwecks Verteidigung von Werten.
- Die Sprache des Prinzen und Emilias repräsentiert das spontane Gefühl der beiden und ist an der mündlichen Rede orientiert (Ellipsen, Wiederholungen, Parenthesen, Exklamationen, Sprechpausen).
- Die Themen sind eher typisch für die Aufklärung: Adelskritik, Gleichheitsstreben, Bedeutung des aufstrebenden Bürgertums, Tugendideal des Bürgertums, Freiheit, Selbstbestimmung, Rolle der Frau.

Klausurvorschlag 1: Analyse/Interpretation eines literarischen Textes und eines Bildes

▶ S. 31

1 Der Prinz beauftragt Marinelli, Emilias Hochzeit zu verhindern. Dieser arrangiert einen Überfall auf die Hochzeitskutsche und bringt Emilia auf das Lustschloss des Prinzen. Sie weiß nicht, was den anderen passiert ist.

Der Prinz macht deutlich, dass er sich um Emilia sorgt, und will sie von den schlimmen Erlebnissen ablenken, weshalb er an das Gespräch am Morgen anknüpft. Er tut, als ob die Begegnung ein glücklicher Zufall sei. Das Gespräch verläuft komplementär. Emilia kommt kaum zu Wort und spricht nicht in ganzen Sätzen. Sie ist verzweifelt, das drückt sie auch mit außersprachlichen Mitteln aus: „unentschlossen“, *„[d]ie Hände ringend“* (Z. 20). Später zeigt sich eine Mischung aus Wut, Angst und Leidenschaft in ihr, wenn man der Beschreibung ihrer Körpersignale durch den Prinzen glauben darf. In dieser Phase monologisiert der Prinz über seine Gefühle für sie und sie reagiert wortlos. Es entsteht ein ironischer Kontrast zwischen der offensichtlichen äußeren Situation, in der der Prinz Emilia in seine Macht gebracht hat, und dem, was er äußert: „Nun zweifeln Sie keinen Augenblick an der unumschränktesten Gewalt, die Sie über mich haben.“ (Z. 44 ff.) Der Prinz spricht Emilia mit „mein Fräulein“ an und siezt sie, zollt ihr so Respekt. Er macht deutlich, dass er ihre Signale sehr wohl verstanden hat, allerdings zeugt die gesamte Situation davon, dass er dies alles nur sehr bedingt ernst meint und es weiter darauf anlegt, sie zu verführen.

2 Der Prinz greift Emilia in den Ausschnitt, Emilia wirkt erstarrt vor Angst. Der Prinz hingegen sieht lustvoll aus: Er umfasst Emilia von hinten, greift ihr in den Ausschnitt, seine Augen sind auf sie gerichtet, sein Körper drängt sich an sie. Emilia scheint sich nicht zu wehren, die Situation aber auch nicht – wie er – zu genießen.
Emilia will die leidenschaftliche Beziehung zu dem Prinzen nicht und weiß nicht, wie sie sich verteidigen soll. Emilia gesteht sich selbst leidenschaftliche Bedürfnisse nicht zu. In der Situation auf dem Bild stellt sie sich wie tot, um die Leidenschaft nicht an sich heranzulassen. Am Ende des Dramas wählt sie den tatsächlichen Tod, um sich zu entziehen.

Klausurvorschlag 2: Erörterung im Anschluss an die Analyse eines Sachtextes

▶ S. 32

1 Thema der Inszenierung ist nach Jörder die Fatalität der Gefühle, wobei Musik als eine Art Herzschlag dient und die Worte der Körpersprache nachgeordnet sind. Mit der Wiederholung/Anapher („geht es auch …, geht es auch …“ (Z. 1 f.) betont Jörder, dass es Lessing nicht notwendigerweise um das Gleiche ging wie Thalheimer. Lessings Sprache und Motive seien in der Inszenierung zertrümmert. Das Comicartige der Inszenierung spiegelt Jörder sprachlich, etwa in der Verbakkumulation „der Prinz taumelt, stürzt, keucht“ (Z. 10). Die schnellen, parallel aufgebauten Szenen werden im Stück verknappt, dies wiederholt sich in der Rezension in der Sprache („Auftritt, Abtritt, Abtritt, Auftritt“, Z. 14 f.). Jörder lehnt sich also sprachlich an die Form der Inszenierung an. Nina Hoss' Orsina wird mit der Statue einer Rachegöttin verglichen, vermutlich weil sie so gradlinig und starr ist in den Bewegungen und im Blick (Statue) und weil sie ausstrahlt, dass sie die anderen Figuren so manipuliert, dass sie die Rache für sie ausüben sollen (wie eine Göttin, die das Geschick lenkt – oder lenken will). Seine Vorbehalte der Inszenierung gegenüber bringt Jörder beispielsweise in dem Neologismus „Laufstegtragödie“ (Z. 15) zum Ausdruck, welcher die Form der „Tragödie“ trivialisiert, es scheint nicht mehr so sehr um das Tragische zu gehen als vielmehr um das Zurschaustellen der Figuren. Jörders rhetorische Frage „ist es wirklich mehr?“ (Z. 29) suggeriert, dass es nicht mehr ist.

2 Die These enthält mehrere Behauptungen, mit denen sich die Schüler/innen kritisch mit Bezugnahme auf Film und Drama auseinandersetzen können. Erstens: Bei Lessing seien „unterdrückte Lust, geheime Begierden“ nur angedeutet. Zweitens: Thalheimer zerre diese „an die spekulative Oberfläche“. Drittens: Die „Fantasie des Zuschauers […] [sei] entbehrlich“.
So ist z. B. die Lust des Prinzen auch bei Lessing nicht nur angedeutet, sondern Dreh- und Angelpunkt der Handlung. Es stimmt zwar, dass Emilias Leidenschaft nur angedeutet wird (vgl. Reclam, V.7), allerdings wird diese auch bei Thalheimer nicht so eindeutig gezeigt. Einzig in der Szene, in der sie ihren Vater anbrüllt, dass sie auch aus Fleisch und Blut sei (V.7), kommt durch dieses Schreien ihr Gefühl unmittelbarer zum Ausdruck als bei Lessing.